Eckernf rdestrasse 12
65195 Wiesbaden

KDP-ISBN: 9798870498126
Herstellung: Amazon Distribution GmbH
W0210175

Mama schreibt sich glücklich

Deine Stimme, dein Leben. Schreibstrategien, die alles ver ndern.

Caterina Hirt

Liebe Leserin,

herzlich willkommen in der einzigartigen Welt von "Mama schreibt sich gl cklich." Dieses Buch ist weit mehr als nur Worte auf Papier – es ist deine Eintrittskarte zu einer unvergesslichen Reise.

Auf den folgenden Seiten lade ich dich ein, dich selbst auf eine ganz besondere Art und Weise wiederzuentdecken. "Die SchreibGl ck-Methode" ist nicht nur ein Konzept, es ist eine Lebensphilosophie, die dein Dasein als Mutter und Frau bereichern wird. Hier wirst du erfahren, wie du mit deiner eigenen Stimme und einem simplen Stift und einem Blatt Papier – oder auch einem elektronischen Tool – negative Gedankenbarrieren sprengen und Freude einfangen kannst. Du wirst inspirierende Schreibstrategien kennenlernen, erprobte bungen durchf hren und Momente der Selbstreflexion erleben, die bereits unz hligen M ttern geholfen haben, ihre Zufriedenheit im Alltag zu finden. Schritt f r Schritt wirst du deine eigene Reise zum SchreibGl ck beginnen und dabei ein vollkommen neues Verst ndnis von dir selbst entwickeln.

Also, nimm dir Zeit f r dich selbst, ffne dein Herz f r die kreative Magie des Schreibens und gestalte dein Leben als Mama – eine Seite nach der anderen. Das ist dein pers nlicher Weg mit "Mama schreibt sich gl cklich." Die Reise beginnt hier.

Alles Liebe, Caterina

Kennst du das auch?

In den turbulenten Str mungen des Mutterseins kann es sich manchmal so anf hlen, als ob alles ber dich hereinbricht. Die unz hligen Aufgaben und Verpflichtungen, die deinen Alltag bestimmen, lassen kaum Raum, um auf deine eigenen Bed rfnisse zu achten. Es ist ein st ndiger Kampf, alles zu organisieren, und gerade, wenn du denkst, du hast eine Aufgabe abgeschlossen, stehen schon wieder zehn neue Herausforderungen vor dir.

Die N chte waren einst erholsamer, und es fehlt dir oft an Energie, um dir selbst etwas Gutes zu tun. Die Treffen mit Freundinnen gestalten sich seit der Ankunft deiner Kinder komplizierter und der Gedanke an Sport scheint in der hektischen Realit t des Alltags manchmal unerreichbar. Selbst deine Pl ne zur Selbstpflege neigen dazu, regelm ßig im Trubel zu verschwinden. Fr here Interessen und Leidenschaften verlangen scheinbar nach zu viel Organisation und es f hlt sich kompliziert an, ihnen Raum zu geben.

Du wünschst dir einen Ort, an dem du entspannen und Energie tanken kannst

Inmitten des allt glichen Trubels und der zahlreichen Verantwortlichkeiten hast du dich oft unbewusst selbst vernachl ssigt. du hast dich f r deine Familie, deine Arbeit und deinen Partner eingesetzt, aber vielleicht auf dem Weg ein St ck von dir selbst verloren. Dennoch sp rst du in deinem Inneren ein leises Verlangen, das nach einem Raum ruft, der nur f r dich bestimmt ist. Tief in deinem Herzen existiert dieser Wunsch nach einem Ort, an den du dich zur ckziehen kannst, um Energie zu tanken und deine Leidenschaften und Bed rfnisse wiederzuentdecken. Du sehnst dich danach, deinem Leben eine Prise Freude und Eigenst ndigkeit hinzuzuf gen, um wieder die Frau zu werden, die du wirklich bist. Dieser Raum der Selbstfindung und des Gl cks erwartet dich bereits.

Ich habe eine gute Nachricht für dich! Dieser Ort liegt in dir!

Genau dieser Ort der Freude und Entspannung, den du dir sehnst, ist immer in dir. Du tr gst ihn bei dir, ganz gleich, wo du dich befindest. Dieser besondere Raum liegt in deinem Inneren und du ben tigst nur einfache Werkzeuge – Stift und Papier, dein Handy oder einen Computer – um ihn zu entdecken und deine inneren Kr fte zu befreien. Mit diesen Mitteln kannst du deinem Leben eine neue Dimension der Freude und Erf llung hinzuf gen.

Du hast eine einzigartige Gabe - die Fähigkeit zu schreiben!

Ja, es ist so einfach! Selbst, wenn du bisher noch nie in dieser Art geschrieben hast, kannst du mit dem Schreiben jederzeit und berall beginnen. Dabei ffnest du die T r zu wunderbaren Erfahrungen und M glichkeiten. Es spielt keine Rolle, ob du Anf ngerin oder bereits ge bt im Schreiben bist. Die Magie des Schreibens steht allen offen, die den Mut haben, sie zu entdecken. Du kannst das!

Es geht um deine ganz persönliche Reise - nicht um Grammatikregeln

Du kannst einfach losschreiben, ohne Druck und Perfektion. Es geht nicht darum, Grammatik- oder Rechtschreibregeln einzuhalten. Das Wichtige ist, wie das Schreiben dich beeinflusst und was es in dir bewegt.

Jeder kann schreiben! Es geht um deine Erfahrungen, Gedanken und Emotionen. Du gibst deinen Gedanken eine Stimme und machst sie sichtbar – eine wunderbare M glichkeit, sie anzuerkennen. Die Form ist nicht so wichtig wie der Inhalt. Also, lass deine Gedanken fließen, sei spontan und genieße den Prozess. Beim Schreiben geht es um deine Entwicklung und Selbsterkenntnis. du musst keine Schriftstellerin sein, um davon zu profitieren. Es geht darum, dich selbst besser kennenzulernen und deine eigene, einzigartige Stimme zu finden.

Wenn du magst, steht es dir nat rlich frei, die Gedanken und Gef hle, die du beim Schreiben festh ltst, zu teilen. Das Teilen kann eine wunderbare M glichkeit sein, sich mit anderen zu verbinden, Unterst tzung zu finden oder einfach nur geh rt zu werden. Mehr dazu findest du in dem Abschnitt: Deinen SchreibGl ck-Weg musst du nicht alleine gehen.

Die SchreibGlück-Methode kann Wunder bewirken!

Du brauchst nicht viel Zeit, um erstaunliche Ver nderungen zu erleben. Mit kurzen bungen, die ungef hr 30-60 Minuten (reine Schreibzeit) dauern, kannst du deinen Alltag nachhaltig bereichern. Ich empfehle dir, die Schreib-Gl ck-Methode anzuwenden und pro Woche maximal eine bung zu machen, auf die du dich vorher mental einstimmst. Die Methode werde ich dir sp ter noch genau erkl ren.

Das Schreiben hat mir geholfen!

Das kreative und therapeutische Schreiben hat mir in den turbulentesten Momenten meines Lebens einen Raum der Entspannung, der Freude und der Selbsterkenntnis geschenkt. Jetzt m chte ich dich herzlich dazu einladen, dieses transformative Werkzeug selbst zu entdecken und auf deine individuelle Weise zu nutzen. Gemeinsam werden wir Wege finden, wie du durch Schreiben mehr Gelassenheit und Selbstverbundenheit in deinem Leben erlangen kannst.

Burnout mit zwei kleinen Kindern

Als meine Kinder ganz klein waren, hatte ich ein Burnout. Die Tage, Wochen und Monate vor dieser Diagnose waren sehr dunkel, ich hatte starke Panikattacken, ngste und kaum Kraft, meinen Alltag zu bew ltigen.

Mutterseelenallein, todmüde und wahnsinnig verängstigt

Die Attacken gaben mir das Gef hl zu ersticken, Todes ngste kamen ohne Ank ndigung, auf dem Spielplatz, vorm Fernseher, beim Einkaufen. Und der Alltag musste weiterlaufen. Mein Mann ging morgens aus dem Haus und kam nicht vor 20 Uhr wieder, viele Abende war ich auch ganz allein mit den Kindern, weil er Termine hatte. Die Omas halfen ab und zu, mal hatten wir eine

Babysitterin, alle Freundinnen waren selbst M tter und angestrengt vom Alltag, ich f hlte mich mutterseelenallein, todm de und wahnsinnig ver ngstigt.

Ich konnte es mir lange nicht eingestehen, aber ich brauchte Hilfe!

Als ich endlich begriff, dass ich Hilfe brauchte, war ich erleichtert und erschreckt zugleich. Ich machte mich auf die Suche nach einem Therapieplatz und wurde berraschenderweise relativ schnell f ndig. In dieser Therapie lernte ich unendlich viel ber mich, ber psychologische Prozesse, ber Mittel und Wege, mit denen ich mir helfen und mich mit angewandten Strategien aus der Verzweiflung rausziehen konnte. Ich lernte, dass meine Gedanken nicht immer die Wahrheit sagen und wie ich sinnvolle von sinnlosen Gedanken unterscheiden kann. Vor Allem lernte ich aber, dass ich selbst die Kraft habe, meine Situation maßgeblich zu verbessern.

Mein Versprechen an mich

Als ich endlich wieder atmen konnte, gab ich mir und meiner Familie das Versprechen, dass ich alles daf r tun w rde, dass mir niemals wieder so schlecht gehen w rde. Dieses Versprechen bewirkte viele grundlegende Ver nderungen in unserem Alltag von denen alle Familienmitglieder und auch unser Umfeld betroffen waren. Ich durfte lernen, Aufgaben und selbst auferlegte Pflichten abzugeben, zu sozialen Verpflichtungen ohne Reue "Nein" zu sagen, aktiv um Hilfe zu bitten, meine Grenzen kennenzulernen und zu wahren und meine inneren Kritiker zu entlarven. Es war ein langer Prozess, es war anstrengend und aufreibend und mit Diskussionen und harter Arbeit verbunden. Aber ich fand einen Weg – ich fand meinen Weg.

Ich musste erkennen: Alles begann bei mir, in mir

Und alles begann bei mir, bei meiner Wahrnehmung von mir und meiner Umwelt. So hart es klingt, niemand anderes war in diesem Moment daf r verantwortlich, dass es mir so schlecht ging. Der Alltag mit Kindern hatte uns erfasst und ich war blind f r meine Grenzen gewesen, hatte sie jahrelang ignoriert und mich dabei vollkommen selbst vergessen. Mein Mann ermutigte mich immer, mal etwas „f r mich" zu tun. Aber wusste noch nicht mal mehr, was mir Freude macht! Und h tte ich es gewusst, ich h tte keine Kraft daf r gefunden, es zu tun. F r mich war es wir ein Kurzurlaub, alleine und erk ltet ohne Kinder im Wartezimmer meines Arztes zu sitzen, ich hatte mir keinen Raum f r mich selbst gelassen – ich wusste auch nicht, wie. Stattdessen hatte ich Glaubenss tze im Kopf, die mich unter Druck setzten und mir das Gef hl gaben, minderwertig zu sein, wenn ich nicht „funktionierte" – sie aufzubrechen, war eine unglaublich große Befreiung!

Die Anderen haben nichts gemerkt! (Konnten sie auch gar nicht)

Das Bemerkenswerte ist, dass niemand merkte, wie schlecht es mir ging. Ich hatte mir eine Funktionsmaske aufgesetzt, die allen etwas vormachte. Auch mein Mann erkannte den Ernst der Lage erst, als ich eines Abends auf der Couch vor Panik nicht mehr atmen konnte und dachte, dass ich einen Herzinfarkt bekomme.

Ich sehe dich!

Ich weiß, dass es vielen Frauen ganz hnlich geht und ich h tte mir so sehr gew nscht, dass mich damals jemand an die Hand genommen h tte und mir schon viel fr her gezeigt h tte, dass ich auf mich achten muss und wie. Dass eine Mutter gesagt h tte: Hier bin ich, wir haben den h rtesten Job der Welt und das stehen wir jetzt gemeinsam durch. Wir werden daf r sorgen, dass du dich nicht verlierst! Glaube mir, dein Leben muss nicht so hart sein, du hast es in der Hand!

Mein Geschenk an dich

Ich habe dieses Buch f r dich geschrieben. Es soll eine wirksame Pr vention sein und dich vor den dunkelsten Tagen und Momenten bewahren. Aber es ersetzt nat rlich keine Therapie. Wenn du vermutest, dass du eine Depression hast oder andere, schwerwiegende Themen in deinem Leben auftauchen, suche bitte einen Therapeuten oder eine Therapeutin auf. Sie werden dir helfen. Eine Depression ist eine schwerwiegende Erkrankung, die eine Behandlung erforderlich macht und die du unbedingt ernst nehmen solltest. Dieses Buch ersetzt keine Therapie, es kann dir aber dabei helfen, deine Therapie zu unterst tzen und einem Burnout vorzubeugen.

Effektive Schreibübungen - speziell für Mamas entwickelt

In diesem Buch habe ich verschiedene Schreibtechniken zusammengestellt, die speziell auf deine Bed rfnisse als Frau und Mutter zugeschnitten sind.

Seit meinem Burnout habe ich mich intensiv mit dem Thema Gl ck besch ftigt. Ich habe B cher ber B cher gew lzt, Strategien ausprobiert und das Thema aus wissenschaftlicher Perspektive betrachtet. Ich habe sogar den Kurs "The Science of Wellbeing" an der Yale University besucht – und hier hatte ich wirklich einen Aha-Moment nach dem anderen. Aber ich habe nicht nur den wissenschaftlichen Aspekt erkundet. Ich habe auch die spirituelle und k rperliche Seite erforscht und bin zur Yogalehrerin f r Erwachsene und Kinder ausgebildet worden. Meditation wurde zu einem wichtigen Teil meines Lebens.

Und nebenbei habe ich immer geschrieben, mit Schreibkursen experimentiert und fast alle Literatur zum Thema verschlungen.

Als n chster logischer Schritt kam die Ausbildung zur Poesietherapeutin & zum Life-Coach, um das kreative Schreiben als Werkzeug f r pers nliches Wachstum auf das n chste Level zu heben. Daraus entstanden zun chst Offline-Schreibkurse f r Frauen. Und schließlich, inspiriert von all dem Wissen, das ich in den letzten elf Jahren seit meiner Mutterschaft gesammelt habe, entstand "Mama schreibt sich gl cklich."

Ich habe all diese Erkenntnisse, die mir geholfen haben, in effektive Schreib bungen verwandelt. Diese habe ich mit all den Zutaten versehen, die dich zu einem gelasseneren, gl cklicheren und energiegeladeneren Menschen machen k nnen. Du bist herzlich eingeladen, diese Reise mit mir zu machen und gemeinsam an deinem Gl ck zu arbeiten.

Das Schreiben wird auch dir helfen!

Selbstentdeckung & Klarheit

Beim Schreiben nimmst du dir Zeit, um deine Gedanken zu sortieren und klarer zu sehen. Dieser Akt der Selbstreflexion kann dir helfen, Gedanken zu kl ren, mit Herausforderungen besser umzugehen und pers nlich zu wachsen. Hier kannst du deine innersten Gedanken und Gef hle teilen, sei es Freude, Trauer, Begeisterung oder Unsicherheit. Dies ist ein Ort, an dem du dich verstanden und geh rt f hlst. Schreiben mit der SchreibGl ck-Methode ist eine Reise der Selbstentdeckung, die tiefere Einblicke in deine Gedanken und Gef hle erm glicht und zu pers nlichem Wachstum und positiven Ver nderungen f hren kann.

Selbstvertrauen & Konfliktl sungen

Das Schreiben wird auch dein Selbstvertrauen st rken und dir helfen, dich selbstbewusster auszudr cken. Es kann ein Werkzeug zur L sung von Problemen und Konflikten sein, die du in verschiedenen Perspektiven betrachten kannst.

Stressabbau

Schreibend kannst du auch Stress und Spannungen abbauen. Wenn du dich gestresst oder berfordert f hlst, wird das Festhalten deiner Gedanken auf Papier oder dem Bildschirm zu einer wertvollen Form der Entlastung.

Tiefere Verbindungen

Durch das Teilen von Schreib bungen und den Ergebnissen k nnen tiefe Verbindungen zwischen uns gest rkt werden. Insgesamt f rdern Schreib bungen die Kommunikation, das Verst ndnis und unsere Verbundenheit. Sie bieten uns eine wunderbare Plattform, um unsere Beziehungen zu festigen und tiefe Bindungen zu schaffen.

Spaß und Inspiration

Kreatives Schreiben l sst dich in phantasievolle Welten eintauchen, die deine Kreativit t und Vorstellungskraft befl geln. Dies bringt Freude und Inspiration in dein Leben.

"Mama schreibt sich gl cklich" kannst du w rtlich nehmen!

Denk daran, dass "Mama schreibt sich gl cklich" w rtlich genommen werden kann! Mit einer Schreibroutine kannst du dich selbst besser kennenlernen, Stress abbauen, deine Kreativit t f rdern und auf eine Reise der Selbstentdeckung und des pers nlichen Wachstums gehen. Kreatives Schreiben ist eine wertvolle Ressource, die in vielen Facetten dein Leben bereichern kann.

Anleitung zum Lesen und Anwenden dieses Buches

Material

Ich empfehle dir, ein sch nes Heft oder Buch zu kaufen, in denen du alle bungen aufschreiben kannst. So hast du alles an einem Ort und kannst auch immer wieder nachschlagen. Besorge dir auch einen Kuli oder Bleistift und ein paar sch ne, bunte Stifte, um etwas Spaß und Farbe in deine Aufzeichnung zu bringen. Nat rlich kannst du auch alle Schreib bungen auf dem Handy oder deinem Laptop machen, du entscheidest, wie du dich am wohlsten f hlst und welche Variante du am besten in dein Leben integrieren kannst.

Dein Schreibprozess

Der Schreibprozess in der SchreibGl ck-Methode ist so individuell wie du selbst. Jede Frau hat ihr eigenes Tempo und an manchen Tagen wird das Schreiben leichter von der Hand gehen als an anderen. Das ist v llig in Ordnung. Hier sind einige Ideen, wie du den Schreibprozess an deine Bed rfnisse anpassen kannst:

Zeitrahmen: Plane f r den Schreibprozess etwa 30 bis 60 Minuten ein. Dies ist ein guter Startpunkt, aber du kannst die Zeit anpassen, je nachdem, wie viel Zeit du zur Verf gung hast. Es ist wichtig, dass du dich nicht gestresst f hlst. Wenn du an einem Tag weniger Zeit hast, versuche vielleicht eine k rzere bung oder teile sie auf zwei Sitzungen auf.

Selbstmitgef hl: Wenn das Schreiben an einem Tag nicht so gut klappt, sei sanft zu dir selbst. Es ist v llig normal, dass es manchmal schwieriger ist, Gedanken und Gef hle auszudr cken. Das bedeutet nicht, dass du versagst. Du kannst an diesen Tagen die bung abschließen und sie sp ter wiederholen.

Atme tief durch: Wenn du merkst, dass du blockiert bist oder nicht weißt, wie du anfangen sollst, atme tief durch. Konzentriere dich auf deine Atmung und versuche, in den gegenw rtigen Moment zur ckzukehren. Manchmal hilft es, eine kurze Atempause zu machen, bevor du mit dem Schreiben fortf hrst.

Ort der Ruhe: Finde einen ruhigen Ort, an dem du dich wohlf hlst. Es kann helfen, Ablenkungen zu minimieren und dich auf den Schreibprozess zu konzentrieren.

Kreativ sein: Lass deiner Kreativit t freien Lauf. Es gibt keine festen Regeln dar ber, wie du schreiben sollst. Du kannst Gedichte, Geschichten, Listen oder einfach freie Gedanken niederschreiben. du bist die Sch pferin deiner eigenen Schreibreise.

Reflektiere und lerne: Nachdem du die bung abgeschlossen hast, nimm dir Zeit, um zu reflektieren. Was hast du ber dich selbst gelernt? Wie f hlst du dich nach dem Schreiben? Diese Reflexion ist ein wichtiger Teil des Prozesses.

Denke daran, dass der Schreibprozess eine Reise ist, und wie bei jeder Reise gibt es H hen und Tiefen. Dein eigenes Tempo ist das richtige Tempo. Gib dir selbst die Erlaubnis, auf deine Art zu schreiben und zu wachsen. Ich bin hier, um dich auf diesem Weg zu begleiten und ich freue mich, dass du dich auf deine Reise begibst.

Wie lange dauert es, bis mich die SchreibGlück Methode glücklich macht?

Die SchreibGl ck-Methode in diesem Buch bietet dir die Werkzeuge, um deine Gedanken und Gef hle auszudr cken, Selbstreflexion zu f rdern und pers nliches Wachstum zu erleichtern. Es ist ein Schritt-f r-Schritt-Prozess, der dir helfen kann, Ver nderungen in deinem Leben zu bewirken. Die Zeit, die du f r diesen Prozess ben tigst, ist flexibel und abh ngig von deinem eigenen Tempo.

Du bestimmst, wie du die Werkzeuge in diesem Buch nutzt und wie intensiv du dich auf diesen Prozess einl sst. Die Intensit t liegt komplett in deinen H nden. Einige Tage magst du vielleicht tiefer in die bungen eintauchen, w hrend an anderen Tagen eine sanftere Herangehensweise besser zu deinem Zeitplan und deinen Ressourcen passt. Du kannst den Prozess so gestalten, dass er zu deinem Leben und deinen Bed rfnissen passt.

Das Wichtigste ist, dass du die volle Kontrolle ber deine pers nliche Reise zur Ver nderung hast. Du bestimmst das Tempo, den Kurs und die Intensit t. Diese Methode ist wie ein treuer Begleiter auf dieser Reise, der dich unterst tzt und ermutigt, w hrend du dein eigenes Tempo findest und Ver nderungen in deinem Leben bewirkst.

Veränderung ist ein Prozess, der Zeit und Engagement erfordert.

Es ist wichtig zu verstehen, dass Ver nderung ein schrittweiser Prozess ist, der Zeit und Engagement erfordert. Wir alle haben Zeiten in unserem Leben, in denen es uns schwerf llt, uns Zeit f r bungen und Selbstreflexion zu nehmen. Das ist vollkommen normal. Das Leben ist dynamisch und manchmal gibt es Phasen, in denen uns andere Priorit ten abverlangt werden. Selbst in den l ngsten Pausen, in denen du vielleicht keine bungen machst, wird dieses Buch weiterhin ein verl sslicher Begleiter auf deiner Reise zur inneren Transformation sein. Die Werkzeuge und Konzepte, die du hier findest, verlieren ihre Wirksamkeit nicht, selbst wenn sie eine Weile nicht genutzt werden. Sie warten geduldig darauf, wieder in deinem Leben aktiviert zu werden.

Es ist nie zu spät, wieder einzusteigen

Du kannst das Buch jederzeit zur Hand nehmen und die bungen wieder aufgreifen, wann immer du bereit dazu bist. Es ist nie zu sp t, wieder in den Prozess einzusteigen. Das Buch wird dir auch dann treue Dienste leisten, wenn du l ngere Pausen einlegen musst. Es ist ein Ressourcenpool, den du nach Bedarf nutzen kannst, um dein Leben mit Freude und innerem Frieden zu bereichern. Vertraue darauf, dass du die Werkzeuge in deinem eigenen Tempo nutzen kannst, um nachhaltige Ver nderungen in deinem Leben zu bewirken.

Leitfaden zur Bearbeitung der einzelnen Übungen

Dieses Buch bietet dir einen einheitlichen Transformationsansatz, der kraftvolle Prozesse in Gang setzt, um Ver nderungen hin zu einem gl cklicheren Leben auszul sen. Es ist wichtig zu verstehen, dass diese Prozesse Zeit ben tigen und manchmal auch Anstrengungen erfordern k nnen. Sie sind jedoch der Schl ssel zu aufregenden Neuentwicklungen und einem erf llteren Leben.

Sei behutsam und achtsam bei deiner Transformation. Es gibt keinen Grund zur Eile, und du solltest dich in deinem eigenen Tempo bewegen. Die SchreibGl ck-Methode folgt einem bew hrten Fahrplan, der dir dabei hilft, deine Ver nderungsreise Schritt f r Schritt zu gestalten.

Ich empfehle dir, zuerst die ersten beiden Abschnitte zu bearbeiten, um pers nliche sowie zeitliche Ressourcen f r deine weitere Entwicklung zu erkunden und im weiteren Prozess effektiv einsetzen zu k nnen. Die weiteren Abschnitte 3-5 kannst du beliebig miteinander mischen und die bungen je nach Bedarf einsetzen.

Die SchreibGlück-Methode: dein Schlüssel zur inneren Transformation

Diese Methode ist eine Sammlung von bew hrten Konzepten, die darauf abzielen, langfristiges Gl ck und innere Zufriedenheit zu f rdern. Aber keine Sorge, es ist alles andere als kompliziert. Lass mich dir erkl ren, warum diese Methode so effektiv ist und wie sie Zeit ben tigt, um ihre volle Wirkung zu entfalten.

Warum ist die SchreibGlück-Methode effektiv?

Die SchreibGl ck-Methode wird dir dabei helfen, das eigene Wohlbefinden zu steigern und ein erf llteres Leben zu f hren. Sie ist wie ein Werkzeugkasten, der uns M ttern dabei hilft, unsere Rolle mit Leichtigkeit und Freude auszuf llen.

Diese Methode beruht auf der Idee, dass Gl ck und Zufriedenheit erlernbar sind. Sie vereint Prinzipien aus der Positiven Psychologie, der kognitiven Verhaltenstherapie und der Achtsamkeitspraxis. Die Positive Psychologie untersucht, wie Menschen ihr Wohlbefinden steigern k nnen und hat gezeigt, dass Schreiben ein m chtiges Werkzeug zur F rderung des Gl cks sein kann. Die kognitive Verhaltenstherapie wiederum hilft dabei, negative Denkmuster zu erkennen und zu ndern, w hrend Achtsamkeit die F higkeit f rdert, im gegenw rtigen Moment zu leben und zu genießen.

Die SchreibGl ck-Methode basiert auf diesen bew hrten Prinzipien und kombiniert sie in einer praktischen und leicht umsetzbaren Weise. Die bungen und Schreibstrategien habe ich sorgf ltig entwickelt, um nachhaltige Ver nderungen in deinem Denken und F hlen zu bewirken.

Warum braucht die Methode Zeit?

Ver nderung geschieht nicht ber Nacht. Sie braucht Zeit, um tief verwurzelte Denkmuster zu transformieren und dich auf deiner Reise zur inneren Transformation zu begleiten. Das Gl ck und die Zufriedenheit, die du anstrebst, sind keine oberfl chlichen Ziele, sondern tiefgreifende Ver nderungen. Die Methode ist so aufgebaut, dass du dich Schritt f r Schritt entwickelst. Die Schritte der Erkundung, Umsetzung und Weiterentwicklung sind dazu da, dass du dich selbst besser verstehst, Ver nderungen in deinem Leben verankerst und dann weitere Schritte unternimmst, um deine pers nliche Entwicklung voranzutreiben.

Es ist wie bei einer Reise: du musst nicht nur an das Ziel denken, sondern du darfst auch die Fahrt genießen. Das Gl ck liegt im Prozess selbst.

Hier findest du ein Beispiel, wie deine Woche aussehen k nnte, du kannst nat rlich an jedem beliebigen Wochentag beginnen.

Beispielwochenplan:

- **Montag:** Lese die Einf hrung zur neuen bung. Versuche, die Konzepte zu verstehen und wie sie zu deinem Leben als Mutter passen.

- **Dienstag bis Donnerstag:** Denke dar ber nach, wie diese neuen Ans tze dein Leben als Mutter bereichern k nnen. Wie k nnen sie dir helfen, ein besseres Gleichgewicht zwischen Familie und Selbstpflege zu finden?

- **Freitag:** Setze dich an deinen Schreibplatz und f hre die Schreib bung durch. Schreibe ber deine Gedanken, Gef hle und Erkenntnisse. Sieh das Schreiben als eine Zeit f r dich, um innezuhalten und dich selbst auszudr cken.

- **N chste Woche:** berlege, wie sich die bung auf dein Leben ausgewirkt hat. Entscheide, ob du die bung erneut durchf hren oder zu einer neuen bung bergehen m chtest. Dies ist deine Reise, und du bestimmst das Tempo.

Du wirst feststellen, dass sich die Ver nderungen in dir langsam manifestieren. Du kannst die bungen nach einigen Wochen oder Monaten wiederholen, wenn neue Themen auftauchen oder wenn du sp rst, dass du weitere Schritte machen m chtest. Dieser Ansatz erm glicht dir eine kontinuierliche Weiterentwicklung und die Anpassung deines Mindsets an sich ver ndernde Lebensumst nde. Du kannst so sicherstellen, dass du nicht nur vor bergehende Ver nderungen erlebst, sondern langanhaltende positive Transformationen in deinem Leben bewirkst. Diese Methode ist dein pers nlicher Begleiter, um dein Leben als Mutter zu bereichern. Sie ist deine Unterst tzung auf dem Weg zu mehr Freude und innerem Frieden. Ich glaube fest daran, dass du durch die SchreibGl ck-Methode eine erf lltere und gl cklichere Mutter sein kannst. Du machst großartige Arbeit und du verdienst es, die Reise zu einem erf llteren Leben zu genießen.

Die 5 Ebenen der SchreibGlück-Methode

Die SchreibGl ck-Methode ist eine ganzheitliche Herangehensweise, die f nf wesentliche Ebenen des Lebens einer Mutter umfasst:

Die Ebene "du selbst": Deine pers nliche Reise beginnt mit dir selbst. Diese Ebene betont, wie wichtig es ist, sich selbst zu verstehen und mit deinen eigenen Gedanken und Emotionen in Einklang zu kommen. Das Schreiben erm glicht dir, dich selbst zu reflektieren, deine inneren Erfahrungen auszudr cken und deinen eigenen inneren Dialog zu st rken. Indem du dir Zeit f r Selbstpflege und Reflexion nimmst, kannst du dich als Individuum weiterentwickeln und eine starke Grundlage f r die anderen Ebenen schaffen.

Die Ebene "du und dein Partner oder deine Partnerin": In einer Partnerschaft als Eltern ist Kommunikation und Verbindung entscheidend. Die "du und dein Partner"-Ebene konzentriert sich darauf, wie du eine unterst tzende und liebevolle Beziehung zu deinem Partner oder deiner Partnerin aufrechterhalten oder verbessern kannst. Sie betont die Bedeutung des Dialogs, des Verst ndnisses und der Zusammenarbeit, um als Team erfolgreich zu sein. Eine starke Partnerschaft kann dir helfen, die Herausforderungen des Elternseins besser zu bew ltigen.

Die Ebene "du und dein Kind oder deine Kinder": Die Beziehung zu deinem Kind oder deinen Kindern steht im Mittelpunkt dieser Ebene. Sie erinnert dich daran, dass deine Rolle als Mutter von großer Bedeutung ist. Hier lernst du, wie du eine liebevolle und unterst tzende Umgebung f r dein Kind schaffst, seine Bed rfnisse verstehst und eine tiefe emotionale Verbindung aufbaust. Die "du und dein Kind"-Ebene zeigt dir, wie du als Elternteil wachsen und gleichzeitig eine enge Beziehung zu deinem Kind aufrechterhalten kannst.

Die Ebene "du und deine Arbeit": Berufliche Verpflichtungen sind ein weiterer wichtiger Aspekt des Lebens einer Mutter. Diese Ebene legt den Fokus darauf, wie du deine berufliche Identit t gestalten und mit den Anforderungen des Elternseins in Einklang bringen kannst. Sie zeigt dir, wie du den Stress, der mit beruflichen Verpflichtungen einhergeht, bew ltigen kannst, und wie du ein ausgewogenes Verh ltnis zwischen Arbeit und Privatleben aufrecht erh ltst.

Die Ebene "Beziehungen": Diese Ebene legt den Schwerpunkt auf die Bedeutung von Beziehungen in deinem Leben. Hier geht es darum, wie du gesunde, unterst tzende und erf llende Beziehungen zu Freunden, Familie und anderen Menschen in deinem Umfeld pflegst. Sie betont die Kommunikation, das Vertrauen und die emotionale Intelligenz, die in Beziehungen von Bedeutung sind. Eine starke soziale Unterst tzung kann einen positiven Einfluss auf dein Wohlbefinden und deine F higkeit zur Bew ltigung von Herausforderungen haben.

Diese fünf Ebenen sind miteinander verwoben und beeinflussen sich gegenseitig. Wenn du dich selbst verstehst und mit dir in deinem Inneren im Einklang bist, bist du besser in der Lage, positive Beziehungen zu deinem Partner, deinem Kind und anderen Menschen in deinem Leben aufzubauen. Gleichzeitig können eine unterstützende Partnerschaft, eine ausgewogene Beziehung zur Arbeit und gesunde soziale Beziehungen dir dabei helfen, dich selbst zu pflegen und ein erfülltes und ausgewogenes Leben zu führen.

Die SchreibGlück-Methode bietet dir Werkzeuge und Übungen auf jeder dieser Ebenen, um sicherzustellen, dass du als Mutter in jeder Hinsicht erfüllt und ausgeglichen sein kannst. Sie hilft dir, diese verschiedenen Aspekte deines Lebens in Einklang zu bringen und eine positive Veränderung in allen Bereichen zu erleben.

Deinen SchreibGlück-Weg musst du nicht alleine gehen

Die Bedeutung von Wachstum in der Gruppe

Die Reise deiner Selbstentwicklung ist eine sehr pers nliche Reise. Vielleicht f hlst du dich auch manchmal einsam. Das kann Teil des Prozesses sein und ist ganz normal. Manchmal kommt das Bed rfnis auf, all deine neuen Erkenntnisse und Entwicklungen mit jemandem zu teilen. Wenn Du magst, kannst du dich in solchen Momenten immer mit wichtigen Personen in deinem Leben treffen und dar ber sprechen.

Wenn du dir allerdings einen intensiven Austausch mit Frauen w nschst, die deine Erfahrungen mit dem SchreibGl ck-Programm teilen, empfehlen ich dir, dich einer Gruppe anschliessen oder eine eigene SchreibGl ck-Gruppe zu gr nden. Wenn Menschen sich in einer Gruppe zusammentun, um gemeinsam an ihren pers nlichen Wachstumszielen zu arbeiten, geschieht etwas Magisches. Dieses gemeinsame Streben kann den individuellen Fortschritt beschleunigen und bereichern. Es gibt mehrere Faktoren, die daf r sorgen, die Transformation in der Gruppe so wertvoll ist:

Vielf ltige Perspektiven: In einer Gruppe bringen Menschen unterschiedliche Lebenserfahrungen, Ansichten und Weisheiten mit. Diese Vielfalt an Perspektiven kann dazu beitragen, dass du Dinge aus neuen Blickwinkeln betrachtest und bessere Entscheidungen triffst.

Unterst tzung und Motivation: Eine Gruppe kann eine wichtige Quelle der Unterst tzung und Motivation sein. Wenn du auf Hindernisse st ßt oder dich entmutigt f hlst, k nnen die Mitglieder deiner Gruppe dir helfen, weiterzumachen.

Verantwortlichkeit: In einer Gruppe f hlst du dich oft st rker zur Verantwortlichkeit gezogen. Du m chtest die Erwartungen deiner Mitstreiter erf llen und bleibst dadurch fokussierter und engagierter.

Feedback und Spiegelung: Die Mitglieder deiner Gruppe k nnen als Spiegel dienen, indem sie dir ehrliches Feedback geben. Dies hilft dir, deine St rken und Schw chen besser zu erkennen und an deinem Wachstum zu arbeiten.

Lernen durch Lehren: Durch das Erkl ren und Teilen deiner eigenen Erkenntnisse und Erfahrungen in der Gruppe vertiefst du dein Verst ndnis und festigst dein Wissen. Dies ist ein wichtiger Schritt in der eigenen Entwicklung.

Gemeinschaftsgef hl: Das Gef hl der Zugeh rigkeit zu einer Gruppe, die hnliche Ziele verfolgt, kann sehr motivierend und erf llend sein. Es schafft ein starkes Gemeinschaftsgef hl, das sich positiv auf dein Selbstwertgef hl auswirken kann.

Wachstum in der Gruppe ist wie ein Katalysator f r pers nliche Entwicklung. Es beschleunigt den Prozess, erweitert deinen Horizont und verbindet dich mit Gleichgesinnten, die hnliche Herausforderungen haben oder vergleichbare Ziele verfolgen. Die gemeinsame Reise zur Selbstentwicklung kann nicht nur deine individuelle Entwicklung, sondern auch die deiner Mitreisenden bereichern. Wenn du m chtest, kannst du also deinen SchreibGl ck-Weg auch teilweise oder komplett mit anderen gehen.

Gemeinsame Reflexion mit Freundinnen oder anderen, nahestehenden Personen:
Du kannst die Erkenntnisse und bungen aus diesem Buch mit deinen Freundinnen teilen, um eine unterst tzende Gemeinschaft aufzubauen. Zum Beispiel k nnt ihr euch regelm ßig treffen, um ber die verschiedenen bungen zu sprechen und eure Erfahrungen auszutauschen. Teile mit ihnen, was du aus dem Buch gelernt hast und wie es dein Leben positiv beeinflusst hat. Dies kann zu tiefgehenden Gespr chen und einem besseren Verst ndnis f reinander f hren.

Einbeziehung des Partners oder der Partnerin:

Einige bungen in diesem Buch k nnen auch von deinem Partner oder deiner Partnerin durchgef hrt werden, um eure Kommunikation und eure Partnerschaft zu st rken. Ihr k nnt gemeinsam an Aufgaben arbeiten, die eure Beziehung vertiefen und eure Bindung st rken. Zum Beispiel k nnt ihr die bungen zur Partnerschaftsebene gemeinsam durchgehen und ber eure Erkenntnisse sprechen.

Teilen mit dem Kind:

Bestimmte bungen k nnen auch mit deinem Kind geteilt werden, abh ngig von seinem Alter. Zum Beispiel k nnt ihr gemeinsam Tageb cher f hren oder kreative Geschichten schreiben. Dies f rdert die Kommunikation und das Verst ndnis zwischen dir und deinem Kind.

Bildung einer Gruppe:

Du kannst auch eine Gruppe von M ttern bilden, die gemeinsam an der Selbstentwicklung arbeiten. Trefft euch regelm ßig, um die bungen durchzugehen und eure Fortschritte zu teilen. In einer Gruppe zu sein, kann eine ermutigende und unterst tzende Umgebung schaffen, in der ihr voneinander lernen k nnt. Es ist auch eine großartige M glichkeit, neue Freundschaften zu schließen.

Coaching:

Du kannst dir auch ein passendes Coaching-Programm suchen. Ein auf dich zugeschnittenes Coaching-Programm bietet individuelle Unterst tzung f r deine spezifischen Anliegen und Lebensumst nde als Mutter. Es erm glicht eine maßgeschneiderte Herangehensweise zur Bew ltigung deiner Herausforderungen und Zielerreichung. Ein/e erfahrene/r Coach/in hilft dir dabei, Hindernisse zu identifizieren und individuelle L sungen zu entwickeln. Das Coaching bietet strukturierte Unterst tzung, um deine Fortschritte zu verfolgen und dein Selbstvertrauen zu st rken. Besonders wertvoll sind Coachings mit zus tzlich einer privaten Gruppe, in der du dich mit den anderen Coachees austauschen kannst. Insgesamt beschleunigt ein Coaching deine pers nliche Reise der Selbstentdeckung und des Wachstums und tr gt zur schnelleren Zielerreichung bei.

Die **SchreibGl ck-Methode** kann nicht nur deine pers nliche Reise zur Selbstentwicklung unterst tzen, sondern auch eine Br cke zu anderen M ttern, Freundinnen oder deinem Partner schlagen. Die gemeinsame Arbeit an den bungen kann die Beziehungen vertiefen und eine positive Ver nderung in eurem Leben herbeif hren. Ganz gleich, ob du dich mit Freunden, deinem Partner oder in einer Gruppe befindest, die SchreibGl ck-Methode bietet wertvolle Werkzeuge und Ans tze f r jede Situation.

Teil 1

Selbstreflexion

Dein erster Schritt ins SchreibGl ck, die Selbstreflexion, kann ziemlich anspruchsvoll sein. Hier stellst du dir Fragen, mit denen du dich vielleicht normalerweise nicht besch ftigst. Es erfordert Zeit und Energie, um wirklich in die Tiefe zu gehen. Aber weißt du was? Das ist v llig in Ordnung!

Der Grund, warum ich den Schwerpunkt auf die Selbstreflexion lege, ist, dass sie der Schlüssel zu nachhaltiger Veränderung und einem glücklicheren Leben ist. Indem du deine eigenen Themen erkennst und dich selbst besser verstehst, legst du das Fundament für eine tiefgreifende Transformation.

Das bedeutet jedoch nicht, dass du den gesamten Prozess in einem Rutsch durchlaufen musst. Es ist v llig in Ordnung, zwischendurch eine lockere und lustige bung aus Teil 5 einzuschieben, um dich zu entspannen und frische Energie zu tanken. Die Reise zur Selbstentwicklung ist kein Wettrennen. Nimm dir die Zeit, die du brauchst, und gehe in deinem eigenen Tempo voran.

Du machst großartige Fortschritte und ich bin hier, um dich auf diesem Weg zu unterst tzen. Also erlaube dir, in dich hineinzuhorchen und den Prozess zu genießen.

Modul 1

Schreibübung Nummer 1

Meine Ich-Landkarte

Was ist eine Ich-Landkarte?

Die "Ich-Landkarte" ist ein kraftvolles Instrument zur Selbstreflexion und Selbsterkenntnis. Sie erm glicht es uns, uns selbst besser zu verstehen, unsere inneren Gedanken, Gef hle und Motivationen zu erkunden und so unsere pers nliche Entwicklung zu f rdern.

Die Ich-Landkarte: Ein Weg zur Selbsterkundung und pers nlichen Entwicklung

Die Reise zur Selbsterkundung ist oft ein faszinierender, aber auch komplexer Weg. Wir alle streben danach, uns selbst besser zu verstehen, unsere inneren Gedanken und Gef hle zu erforschen und letztendlich unsere pers nliche Entwicklung voranzutreiben. In dieser Reise spielt die Ich-Landkarte eine entscheidende Rolle, da sie uns ein m chtiges Werkzeug zur Verf gung stellt, um uns auf dieser aufregenden Entdeckungsreise zu begleiten.

Warum ist die Ich-Landkarte so wichtig?

Die Ich-Landkarte ist wie ein Spiegel, der uns auf erstaunliche Weise unsere innere Welt zeigt. Sie erm glicht es uns, unsere Werte, berzeugungen, Tr ume, ngste und Ziele zu reflektieren. Sie fordert uns auf, tief in uns selbst zu schauen und uns bewusst zu werden, wer wir wirklich sind. Das Wissen um unsere eigene Identit t ist von unsch tzbarem Wert und leitet uns auf dem Weg zur Selbsterkundung.

Themen auf der Ich-Landkarte

Die Themen, die auf einer Ich-Landkarte erkundet werden k nnen, sind so vielf ltig wie das Leben selbst. Hier sind einige Beispiele:

Werte und berzeugungen: Welche Prinzipien leiten dein Leben? Welche Werte sind dir besonders wichtig? Das Reflektieren ber deine

Werte kann dir helfen, klare Entscheidungen zu treffen und deine Priorit ten zu setzen.

Lebensziele: Wohin m chtest du dich entwickeln? Welche Tr ume und Ziele m chtest du in deinem Leben erreichen? Die Ich-Landkarte kann dir helfen, diese Ziele zu visualisieren und eine klare Roadmap f r deine Zukunft zu erstellen.

Emotionen und Motivation: Warum reagierst du auf bestimmte Weisen? Welche Emotionen treiben dich an? Die Untersuchung deiner emotionalen Reaktionen und Motivationen f rdert die emotionale Intelligenz und verbessert deine zwischenmenschlichen Beziehungen.

St rken und Schw chen: Was sind deine pers nlichen St rken? Welche Bereiche k nnten noch Entwicklung ben tigen? Die Erkenntnis deiner St rken und Schw chen kann dir helfen, an deiner Selbstverbesserung zu arbeiten.

Stressbew ltigung: Die Identifizierung von Stressausl sern und Bew ltigungsstrategien kann dazu beitragen, mit Stress und Herausforderungen auf ges ndere Weise umzugehen.

Selbstakzeptanz: Indem du dich selbst auf der Ich-Landkarte darstellst, kannst du lernen, dich selbst zu akzeptieren, einschließlich deiner Schw chen und Unvollkommenheiten. Dies f rdert ein gesundes Selbstwertgef hl.

So erstellst du deine Ich-Landkarte

Vorbereitung: Setze dich an einen ruhigen Ort, an dem du ungest rt bist. Nimm ein Blatt Papier und einen Stift zur Hand.

Kreis und Name: Zeichne einen Kreis in die Mitte des Papiers und schreibe deinen Namen hinein.

Verbindungslinien: Zeichne Linien, die vom Kreis zu verschiedenen Aspekten deines Lebens f hren k nnten, wie Familie, Arbeit, Freizeit, Freundschaften, Hobbys usw.

Beschriften: Schreibe in jeden Bereich, was dir in Bezug auf diesen Aspekt wichtig ist. Welche Werte und Ziele verbindest du damit?

Gestaltung: Verbringe etwa 15 – 30 Minuten damit, deine Ich-Landkarte zu gestalten und zu beschriften.

Reflexion: Nimm dir dann noch einige Minuten Zeit, um zu reflektieren, was du aus dieser bung gelernt hast. Was hast du ber dich selbst erfahren?

Die Ich-Landkarte ist eine Reise zu dir selbst. Sie dient als Leitfaden auf deinem Weg zur Selbsterkundung und pers nlichen Entwicklung. Nutze sie, um Klarheit ber deine Werte, Ziele und Priorit ten zu gewinnen und um herauszufinden, wer du wirklich bist. Die Entdeckung deiner inneren Welt kann eine lebensver ndernde Reise sein, die dich zu einem tieferen Verst ndnis deiner selbst f hrt. Wage diesen aufregenden Schritt und lass die Ich-Landkarte dir den Weg weisen. Du bist auf dem Weg zu einer tieferen Verbindung mit dir selbst und einem erf llteren Leben.

Sophies Ich-Landkarte

Sophie ist eine 35-j hrige Mutter von zwei lebhaften Kindern und arbeitet in Vollzeit. In letzter Zeit hat sie viel ber Selbstreflexion geh rt und obwohl sie manchmal das Gef hl hat, dass sie kaum Zeit f r sich selbst hat, beschließt sie, eine Ich-Landkarte zu erstellen. Sie m chte sich selbst gerne besser verstehen.

Ich habe über meine Werte und Überzeugungen nachgedacht. Familie und Gemeinschaft bedeuten mir sehr viel. Deswegen habe ich "Familie", "Gemeinschaft" und "Ehrlichkeit" auf meine Karte geschrieben.

Dann dachte ich über meine Lebensziele nach. Ich möchte mich beruflich weiterentwickeln, aber gleichzeitig auch mehr Zeit mit meinen Kindern verbringen. Auf meine Ich-Landkarte kamen "Berufliche Entwicklung" und "Qualitätszeit mit Kindern".

Und ja, ich habe so meine Momente, wo mich der Stress überkommt. Ich hab oft das Gefühl, dass ich zu viel auf einmal bewältigen muss. Also hab ich "Stressbewältigung" und "Zeitmanagement" aufgeschrieben.

Ach ja, meine organisatorischen Fähigkeiten sind ziemlich gut, aber ich tue mir schwer damit, "Nein" zu sagen, wenn

ich eigentlich schon zu viel um die Ohren habe. Also stehen "Organisation" und "Selbstfürsorge" auf meiner Karte.

Dann hab´ ich überlegt, was mich eigentlich so stresst. Der berufliche Druck und das Ganze mit den Bedürfnissen der Kinder sind oft Auslöser. Als Strategien zur Stressbewältigung hab´ ich mir "Meditation" und "Delegieren" notiert.

Und dann kam der Punkt mit der Selbstakzeptanz. Ich fühle mich oft schuldig, wenn ich mir Zeit für mich selbst nehme. Da hab´ ich "Selbstliebe" hingeschrieben.

Geschafft!

Du hast deine "Ich-Landkarte" erstellt! Dieses kraftvolle Werkzeug erm glicht dir, eine tiefere Verbindung zu deinem inneren Selbst herzustellen und dein Leben bewusster zu gestalten.

Nun kannst du diese Landkarte als Navigationsinstrument nutzen, um bewusste Entscheidungen zu treffen und auf den Pfaden zu wandeln, die im Einklang mit deinem wahren Selbst stehen. Sie wird dir helfen, deine Priorit ten klarer zu definieren und deinen Lebenskurs neu auszurichten.

Ich ermutige dich, regelm ßig auf deine "Ich-Landkarte" zu schauen und zu berlegen, ob sich etwas ver ndert hat. Du wirst feststellen, dass du im Laufe der Zeit neue Aspekte an dir entdeckst und deine Ziele sich entwickeln. Die "Ich-Landkarte" kann dir eine unsch tzbare Quelle der Inspiration und der Selbstreflexion sein. Sie wird dir helfen, dich selbst besser zu verstehen und dein Leben bewusster zu gestalten. Nutze sie als deinen pers nlichen Kompass auf deiner Reise zu mehr Gl ck und Zufriedenheit.

Du kannst stolz darauf sein, dass du die "Ich-Landkarte" in deine Reise zur pers nlichen Transformation integriert hast. Sie ist ein wunderbares Werkzeug. Denke immer daran, dass du die Hauptrolle in deinem eigenen Leben spielst, und deine "Ich-Landkarte" wird dich dabei unterst tzen, diese Rolle mit Selbstbewusstsein und Authentizit t zu leben.

Modul 2

Dankbarkeit

Danke, Dankbarkeitsliste!

Das F hren einer Dankbarkeitsliste ist eine einfache, aber ußerst wirksame Praxis, die zahlreiche Vorteile f r dein Wohlbefinden und deine Lebensqualit t bietet.

Die Kraft der Dankbarkeit

Inmitten des hektischen Alltags, den Anforderungen, die Muttersein und das Leben im Allgemeinen mit sich bringen, vergessen wir oft, innezuhalten und uns auf das zu besinnen, wof r wir dankbar sein k nnen. Die Dankbarkeitsliste ist eine einfache, aber m chtige bung, die uns dazu einl dt, die Sch nheit in unserem Leben zu erkennen und uns bewusst zu machen, wie reich wir eigentlich sind.

Die Dankbarkeitsliste: Warum ist sie so wichtig?

Die Dankbarkeitsliste erm glicht es uns, unseren Fokus von dem, was uns vielleicht fehlt oder Sorgen bereitet, auf das zu lenken, was wir bereits haben. Sie ist ein Werkzeug, um

unsere Perspektive zu ver ndern und uns daran zu erinnern, dass es in unserem Leben viele Dinge gibt, f r die wir dankbar sein k nnen.

Die Praxis der Dankbarkeit kann unsere Stimmung heben, Stress reduzieren und unsere Beziehung zu uns selbst und anderen vertiefen.

Routinen sind sch n und wirksam, aber Gl ck geht auch mal ohne!

Vielleicht hast du schon von Dankbarkeitstageb chern geh rt, sie sind wunderbar und auch sehr zielf hrend. Allerdings k nnen Routinen, die du nicht erf llen kannst, demotivieren. Du kannst auch unregelm ßig Dankbarkeitslisten schreiben, wann immer es dein Alltag zul sst und du daran denkst. Jede Zeile z hlt!

Schreibübung Nummer 2

Meine Dankbarkeitsliste

Warum diese bung gut ist:

Die Dankbarkeitsliste f rdert eine positive Einstellung und hilft dabei, die kleinen Freuden des Lebens zu sch tzen. Sie kann Stress reduzieren und das allgemeine Wohlbefinden steigern.

Anleitung:

F r den Einstieg beginnen wir mit einer Dankbarkeits-Liste. Erstelle eine Liste mit all den Dingen, f r die du in deinem Leben dankbar bist und die dir in 10 Minuten einfallen. Wahrscheinlich fallen dir die großen Dinge wie Gesundheit, Familie, Partnerschaft und Freunde zuerst ein. Denke weiter nach und lass dich darauf ein, auch die Kleinigkeiten zu benennen, die dein Leben besser machen. Achte auf Details wie das L cheln des Busfahrers oder die wunderbar bepflanzten Blument pfe deiner Nachbarin, auf die du jeden Tag beim Fr hst ck blicken kannst. Dir wird sehr viel mehr einfallen, als du jetzt erahnen kannst!

Die Dankbarkeits-Liste kannst du jederzeit weiterf hren oder neu beginnen. Es hat auch einen tollen Effekt auf dein Wohlbefinden, wenn du jeden Morgen oder jeden Abend 3 Dinge aufschreibst, f r die du dankbar bist. Auch f r deine Kinder ist dies eine wunderbare bung. Aber auch, wenn du ab und zu, wenn du es schaffst, ein paar Dinge notierst, die dein Leben bereichern, gehst du einen großen Schritt in Richtung Gl ck.

Noelles Dankbarkeitsliste: Ein Blick auf die kleinen Freuden des Lebens

Noelle ist eine 39-j hrige Mutter von zwei lebhaften Wirbelwinden und Besitzerin einer erstaunlichen Kaffeemaschine.

Dankbarkeit ist etwas, das ich erst so richtig zu schätzen gelernt habe, seitdem ich den (wunderbaren) Wahnsinn des Mutterseins erlebe.

Hier ist meine ganz eigene Dankbarkeitsliste:

Diese Nächte mit schreienden Babys und Albträumen sind wirklich anstrengend. Danke, dass es Kaffee gibt!

Mein Wohnzimmer kann definitiv als Galerie für die bunte Kritzelei meiner Kids herhalten. Auch wenn manchmal die Wände leiden, sind es die Erinnerungen, die zählen. Irgendwann werde ich ihr Chaos vermissen. Danke für die Kritzeleien und dafür, dass meine Kinder mir zeigen, dass der Moment zählt.

Das ständige Getöse in meinem Haus macht mir manchmal Kopfschmerzen. Aber wie gesegnet ich bin, zwei lebhafte, gesunde und fröhliche Kinder zu haben? Danke, dass es ihnen gut geht!

Essen zuzubereiten ist oft eine Herausforderung und das ganze Chaos, das dabei entsteht! Ich putze nur noch die Küche. Aber ich bin auch dankbar dafür, dass wir genug Essen haben, mit dem wir Chaos anrichten können. Und dafür, dass wir am Ende satt und zufrieden sein dürfen und meine Kids mir immer neue Essenskombis zeigen. Ehrlich gesagt, hätte ich nie gedacht, dass Erdnussbutter-Bananen-Käse-Sandwiches so lecker sein könnten.

Selbst ein einfacher Ausflug in den Park wird bei uns zum logistischen Abenteuer. Bevor wir endlich losgehen, bin ich schon fix und fertig. Aber am Ende, wenn wir es dann endlich in den Park geschafft haben, erleben wir meistens tolle Abenteuer. Danke, dass der Park so nah ist und ich mit den Kindern hinlaufen kann. Und Danke für meine Geduld und meine Kraft, dem Impuls zu widerstehen, einfach alle den ganzen Nachmittag vor den Fernseher zu setzen.

Manchmal bin ich so müde, dass ich über die absurdesten Dinge lachen muss. Schlafentzug kann ziemlich komisch sein, oder? Und wenn ich dann endlich auf meinem weichen Kissen schlafen gehen kann - das schönste Gefühl! Danke, dass ich ein kuschelweiches Bett habe!

Ja, meine Kinder verwandeln sich gerne in Einhörner und Prinzessinnen und reißen dabei unser Zuhause fast ab. Aber sind das nicht die schönsten Erinnerungen an die Kindheit? Danke, dass ich ihnen schöne Erinnerungen schenken darf!

Das Kinderzimmer gleicht manchmal einem Schlachtfeld, aber ich nenne es "kreative Meisterwerke" und gebe jedem Durcheinander einen eigenen Namen. Wer braucht schon Ordnung? Die Kinder fühlen sich wohl und ich bin sehr dankbar, dass jedes Kind sein eigenes Zimmer hat, dessen Türe ich immer nach Bedarf schließen kann.

In meinem Leben als Mutter habe ich die bisher in den anstrengendsten Momenten erlebt, in denen ich echt an meine Grenzen gestoßen bin. Ich bin ich dankbar für die Lektionen, die das Muttersein mir erteilt. Es erinnert mich daran, dass ich stärker bin, als ich jemals gedacht hätte.

Geschafft!

Herzlichen Gl ckwunsch, dass du eine Dankbarkeitsliste erstellt hast! Diese Liste ist ein wertvolles Werkzeug, um dein Bewusstsein f r die positiven Aspekte deines Lebens zu sch rfen und deine Dankbarkeit f r die kleinen und großen Freuden des Alltags zu kultivieren.

Es ist faszinierend, wie sich unsere Wahrnehmung ver ndert, wenn wir uns darauf konzentrieren, wof r wir dankbar sind. Die Welt kann pl tzlich heller und lebendiger erscheinen und selbst allt gliche Dinge gewinnen an Bedeutung. Ich m chte dich ermutigen, deine Dankbarkeitsliste in einigen Wochen erneut zu berdenken und zu aktualisieren. Du wirst wahrscheinlich feststellen, dass sich deine Perspektive ver ndert hat und du Dinge siehst, f r die du zuvor nicht so dankbar warst.

Die Dankbarkeitsliste ist ein Instrument, um deine Gedanken in eine positive Richtung zu lenken und dein Mindset zu ver ndern. Es ist ein Zeichen f r deine Bereitschaft, dich auf die guten Dinge in deinem Leben zu konzentrieren – dies kann zu mehr Gl cksempfinden im Alltag f hren.

Denke daran, dass Gl ck eine Einstellung ist und du hast die Kraft, deine Sichtweise zu gestalten. Deine Dankbarkeitsliste kann dir dabei helfen, eine optimistischere und dankbarere Einstellung zu entwickeln, die dich auf dem Weg zu einem gl cklicheren Leben unterst tzt.

Ich freue mich, dass du die Dankbarkeitsliste in deine Reise zur pers nlichen Transformation integriert hast. Sie ist ein kleines, aber m chtiges Werkzeug, das dir hilft, mehr Freude und Zufriedenheit in deinem Leben zu finden.

Modul 3

Das Stärken-Portrait

Die St rken des St rken- Portraits

Die Schreib bung "St rken-Portrait" bietet dir zahlreiche Vorteile, die sich ußerst positiv auf dein Leben auswirken k nnen. Indem du deine eigenen St rken erkennst und w rdigst, st rkst du dein Selbstbewusstsein, lenkst deine Aufmerksamkeit auf das Positive, steigerst deine Selbstmotivation und Selbstakzeptanz. Dies f hrt zu einer besseren Selbstwahrnehmung, hilft bei der Zielsetzung und Lebensplanung, st rkt deine Beziehungen, unterst tzt in der Stressbew ltigung, erh ht dein Gef hl der Selbstwirksamkeit und schenkt dir Lebensfreude und Zufriedenheit.

Die regelmäßige Praxis dieser Übung fördert eine positive Selbstsicht und trägt dazu bei, ein erfüllteres und glücklicheres Leben zu führen.

Schreibübung Nummer 3

Mein Stärken-Portrait

Ziel dieser Schreib bung ist es, dein Selbstwertgef hl zu st rken und dir bewusst zu machen, welche St rken und F higkeiten du besitzt, die du vielleicht ber die Zeit vergessen hast.

Materialien: Ein leeres Blatt Papier, Stifte in verschiedenen Farben

Anleitung: Finde einen ruhigen und entspannten Ort, an dem du ungest rt schreiben kannst. Setze dich bequem hin, atme tief ein und aus, um dich zu entspannen, und schließe f r einen Moment die Augen. Lass alle negativen Gedanken ber dich selbst los.

 ffne deine Augen und betrachte das leere Blatt Papier vor dir. Schreibe deinen Namen in die Mitte des Blatts. Dies ist der Ausgangspunkt f r dein St rken-Portrait. Denke dar ber nach, welche St rken und F higkeiten du in verschiedenen Lebensbereichen besitzt. Das k nnen berufliche F higkeiten, Talente im Umgang mit deinen Kindern, soziale Kompetenzen oder pers nliche Eigenschaften sein.
Schreibe jede deiner St rken oder F higkeiten in einem anderen Farbton um deinen Namen herum. Du kannst sie in Form von Stichpunkten, kurzen S tzen oder Schlagworten notieren. Betrachte dein St rken-Portrait und erkenne die

Vielfalt deiner F higkeiten und St rken. Unter jeder St rke oder F higkeit kannst du optional ein kleines Beispiel oder eine kurze Erkl rung schreiben, wie du diese St rke in der Vergangenheit genutzt hast oder wie sie sich auf dein Leben auswirkt. Verziere dein St rken-Portrait nach Belieben mit Zeichnungen oder Mustern, um es noch pers nlicher zu gestalten.

H nge dein St rken-Portrait an einen Ort, an dem du es regelm ßig sehen kannst, oder bewahre es in deinem Tagebuch auf, um dich immer wieder daran zu erinnern, wie stark und f hig du bist. Diese Schreib bung wird dir helfen, deine eigenen St rken und F higkeiten wiederzuentdecken und dein Selbstwertgef hl zu st rken. Es ist eine wunderbare M glichkeit, positive Gedanken ber dich selbst zu f rdern und dich daran zu erinnern, was du alles erreichen kannst.

Luisa, 29 Jahre alt, alleinerziehende Mutter von drei lebhaften Kindern

Ich liebe es, mit meinen Kindern Radtouren zu unternehmen. Da flitzt die ganze Bande durch die Nachbarschaft, wir entdecken neue Plätze und haben einfach eine tolle Zeit. Dabei kann ich meine Leidenschaft für Sport und Natur an sie weitergeben.

Wenn ich mal eine Auszeit brauche, tauche ich in ein gutes Buch ein. Lesen entspannt mich und gibt mir neue Energie, um den Alltag mit drei aufgeweckten Kids zu meistern. In meinen Büchern finde ich nicht nur Geschichten, sondern auch Inspiration. Hoffentlich bin ich meinen Kindern damit auch ein Vorbild.

Sport ist für mich ein Weg, Stress abzubauen und in Form zu bleiben. Ich kann dabei richtig schön abschalten und Kraft tanken, um meiner Familie mit voller Energie gegenüberzutreten.

Ein lebhafter Meinungsaustausch ist für mich wie Gehirnjogging. Ich liebe es, mit meinen Kindern über die Welt zu sprechen, ihre Gedanken zu hören und ihnen Raum für eigene Meinungen zu geben.

Wenn meine Kleinen mal wieder endlose Fragen stellen oder stundenlang über ihre Lieblingsthemen plaudern, bleibt meine

Geduld ruhig wie ein Bergbach. Ich genieße die Zeit und weiß, dass ihre Neugierde und ihr Wissensdurst ein Geschenk sind.

Ich ziehe meine Kinder oft raus in die Natur. Wir erkunden Wälder, beobachten Vögel und erleben die Schönheit der Umwelt. Diese Momente sind für uns alle wertvoll und vermitteln wichtige Lektionen.

Geschafft!

Herzlichen Gl ckwunsch! Du hast dein St rkenportrait erstellt und das ist eine bemerkenswerte Leistung. Dieses Bild deiner inneren St rken ist ein wertvolles Werkzeug, um dich selbst besser zu verstehen und dich in schwierigen Situationen zu unterst tzen.

Es ist wichtig zu verstehen, dass dein St rkenportrait ein lebendiges Dokument ist. Deine St rken und Priorit ten k nnen sich im Laufe der Zeit ndern und deshalb ist es eine großartige Idee, dein Portrait in einigen Monaten noch einmal zu zeichnen. Du wirst erstaunt sein, wie sich deine Wahrnehmung und Priorit ten ver ndert haben.

Die Arbeit an deinem St rkenportrait ist ein Schritt in Richtung mehr Selbstbewusstsein und Selbstakzeptanz. Indem du deine St rken klar definierst, gibst du dir die M glichkeit, bewusster Entscheidungen zu treffen und deine Ziele zu verfolgen. Dein St rkenportrait kann auch als Kompass in deinem Alltag dienen. Wenn du vor einer schwierigen Entscheidung stehst oder dich unsicher f hlst, schau auf dein St rkenportrait. Welche deiner St rken k nnen dir in dieser Situation helfen?

Du bist auf dem besten Weg zu einer tieferen Verbindung mit dir selbst und zu mehr Zufriedenheit in deinem Leben. Wir sind stolz auf deinen Fortschritt und freuen uns, dass wir dich auf dieser Reise begleiten d rfen. Denke daran, dass Ver nderungen Zeit und Geduld erfordern. Deine Reise ist ein lebenslanger Prozess und du wirst immer wieder neue Erkenntnisse gewinnen. Bleibe achtsam und neugierig und du wirst weiterhin positive Ver nderungen erleben.

Ich bin zuversichtlich, dass du die Macht hast, dein Leben nach deinen W nschen zu gestalten und deinen Weg zu gehen. Dein St rkenportrait ist ein Spiegel deiner inneren St rken und du kannst es jederzeit nutzen, um dich daran zu erinnern, wie einzigartig und kraftvoll du bist.

Modul 4

Die Bedeutung von Glaubenssätzen

Glaubenss tze

Deine Glaubenss tze sind tief in dir verwurzelte berzeugungen, die dein Denken, F hlen und Handeln beeinflussen. Sie sind ein wichtiger Teil deines Selbstkonzepts und deiner Lebensanschauung. Besonders in Bezug auf Partnerschaften, aber auch in anderen Lebensbereichen k nnen deine Glaubenss tze maßgeblich dein Verhalten und deine Entscheidungen beeinflussen.

Es ist von entscheidender Bedeutung, deine Glaubenss tze zu analysieren und zu berdenken, da sie direkte Auswirkungen auf deine Beziehungen und dein Wohlbefinden haben k nnen. Oftmals sind diese berzeugungen unbewusst und basieren auf Erfahrungen aus deiner Kindheit oder vergangenen Beziehungen. Wenn sie negativ oder einschr nkend sind, k nnen sie zu Konflikten, Selbstzweifeln und ungesunden Verhaltensweisen f hren.

Ich empfehle dir, diese bungen in Ruhe und mit ausreichend Zeit durchzuarbeiten. Am besten nimmst du dir eine Ebene pro Woche vor, damit du dich voll und ganz auf jede Dimension deiner Mutterrolle konzentrieren kannst. Auf diese Weise kannst du schrittweise positive Ver nderungen bewirken und deine Selbstwahrnehmung als Mutter st rken.

Jede Ebene wird dir die M glichkeit geben, deine Gedanken und berzeugungen zu berdenken und neu zu gestalten, um selbstbewusster und zufriedener zu werden.

Claudias Glaubenss tze

Claudia, Mutter von einer Tochter.

In letzter Zeit habe ich gemerkt, dass mich negative Gedanken oft begleiten und einschränken. Ich habe mich entschlossen, diese negativen Glaubenssätze loszuwerden und meine Sichtweise auf mich selbst als Mutter zu verbessern. Hier sind die Gedanken, die ich hinter mir lassen möchte:

"Ich mache immer Fehler." Ich neige dazu, mich selbst zu kritisieren, wenn ich Fehler mache. Ich will verstehen, dass Fehler ein natürlicher Teil des Elternseins sind.

"Ich bin nicht gut genug." Manchmal fühle ich mich überfordert und zweifle an meiner Fähigkeit, eine gute Mutter zu sein. Ich möchte lernen, mich selbst als kompetente Mutter anzuerkennen.

"Ich habe zu wenig Geduld." Meine Geduld wird oft auf die Probe gestellt, besonders bei quengelnden Kindern. Ich möchte lernen, gelassener zu reagieren und meine Geduld zu stärken.

"Andere Mütter machen es besser." Ich vergleiche mich oft mit anderen Müttern und fühle mich minderwertig. Ich möchte aufhören, mich selbst zu zerstören, indem ich mich mit anderen messe und möchte meine Einzigartigkeit als Mutter schätzen.

"Ich vernachlässige meine Bedürfnisse." Als Mutter kümmere ich mich so sehr um meine Kinder, dass ich oft meine eigenen Bedürfnisse hinten anstelle. Ich will lernen, mich selbst mehr zu schätzen und regelmäßig Zeit für mich selbst zu nehmen.

"Ich sollte perfekt sein." Unrealistische Vorstellungen darüber, wie eine perfekte Mutter sein sollte, setzen mich unter Druck. Ich möchte verstehen, dass es keine Perfektion gibt und dass gut genug völlig ausreicht.

"Meine Kinder leiden unter meinen Fehlern." Ich mache mir Sorgen, dass meine Fehler negative Auswirkungen auf meine Kinder haben. Ich möchte begreifen, dass Kinder aus Fehlern lernen und dass meine Liebe und Fürsorge das Wichtigste sind.

"Ich kann nicht Nein sagen." Es fällt mir schwer, Nein zu sagen, sei es zu zusätzlichen Verpflichtungen oder zu den Wünschen meiner Kinder. Ich will lernen, klare Grenzen zu setzen.

Schreibübung Nummer 4

Meine Glaubenssätze als Mutter

Anleitung:

Bewusstwerden: Setze dich an einen ruhigen Ort und nimm dir einige Minuten Zeit, um ber deine Rolle als Mutter nachzudenken. Denke dar ber nach, welche Gedanken und berzeugungen (Glaubenss tze) du in Bezug auf das Muttersein hast.

Schreibmaterial bereitstellen: Bereite Stift und Papier oder deinen Computer vor, um deine Gedanken festzuhalten.

Glaubenss tze identifizieren: Schreibe auf, welche Glaubenss tze oder berzeugungen du in Bezug auf das Muttersein hast. Zum Beispiel k nnten das sein: "Ich muss immer perfekt sein", "Ich sollte immer f r meine Kinder da sein", "Ich darf keine Fehler machen", "Ich sollte immer stark sein, auch wenn es schwer ist", oder hnliche berzeugungen.

Herkunft erforschen: Versuche, herauszufinden, woher diese Glaubenss tze stammen k nnten. Wurden sie von deinen Eltern oder der Gesellschaft gepr gt? Gab es bestimmte Ereignisse oder Erfahrungen, die diese berzeugungen verst rkt haben?

Hinterfrage deine Glaubenss tze: Gehe jeden Glaubenssatz einzeln durch und frage dich, ob er wirklich wahr ist. Gibt es Beweise f r oder gegen diesen Glaubenssatz? Kannst du alternative, ges ndere berzeugungen entwickeln?

Positive Affirmationen: Schreibe positive Affirmationen auf, die deine alten Glaubenss tze herausfordern und ersetzen. Zum Beispiel: "Es ist in Ordnung, nicht perfekt zu sein", "Ich kann um Hilfe bitten, wenn ich sie brauche", "Es ist menschlich, Fehler zu machen."

T gliche Praxis: Nimm dir vor, diese positiven Affirmationen t glich zu wiederholen, um deine neuen, ges nderen Glaubenss tze zu festigen.

Reflexion: Schreibe am Ende der bung auf, wie es sich anf hlt, deine Glaubenss tze zu erkunden und zu hinterfragen. Welche Ver nderungen m chtest du in deiner Denkweise vornehmen, um eine positivere Einstellung zur Mutterschaft zu entwickeln?

Diese Schreib bung wird dir helfen, deine Glaubenss tze als Mutter zu erkennen und zu berdenken. Indem du deine berzeugungen reflektierst und sie gegebenenfalls neu ausrichtest, kannst du eine ges ndere und positivere Einstellung zur Mutterschaft entwickeln und dir selbst mehr Verst ndnis und Mitgef hl entgegenbringen.

Schreibübung Nummer 5

Meine Glaubenssätze zu meiner Partnerschaft

Anleitung:
Vorbereitung:

Setze dich an einen ruhigen Ort, an dem du ungest rt bist, und nimm dir Zeit, ber deine Partnerschaft und die damit verbundenen Gedanken und berzeugungen nachzudenken.

Schreibmaterial bereitstellen:

Stelle Stift und Papier oder deinen Computer bereit, um deine Gedanken w hrend der bung festzuhalten.

Glaubenss tze identifizieren:

Schreibe auf, welche Glaubenss tze oder berzeugungen du bez glich deiner Partnerschaft hast.

Hier sind einige Beispiele:

"In einer gl cklichen Partnerschaft gibt es niemals Konflikte."
"Ich muss immer diejenige sein, die sich um die Beziehung k mmert."
"Mein Partner sollte meine Gedanken ohne Worte lesen k nnen."
"Wenn mein Partner weniger Zeit mit mir verbringt, bedeutet das, dass er mich weniger liebt."

"Ich darf keine eigenen Bed rfnisse haben, sondern muss immer die Bed rfnisse meines Partners erf llen."

Herkunft erforschen:

Versuche, herauszufinden, woher diese Glaubenss tze stammen k nnten. Wurden sie durch deine Eltern, fr here Beziehungen oder gesellschaftliche Einfl sse gepr gt? Gab es bestimmte Ereignisse oder Erfahrungen, die diese berzeugungen verst rkt haben?

Hinterfrage deine Glaubenss tze:

Gehe jeden Glaubenssatz einzeln durch und frage dich, ob er wirklich wahr ist.

Hier sind einige Beispiele, wie du sie hinterfragen k nntest:

"Sind alle gl cklichen Paare konfliktfrei, oder gibt es auch gesunde Konflikte in Beziehungen?" "Habe ich tats chlich immer die Hauptverantwortung in unserer Beziehung, oder teilen wir sie?" "Ist es realistisch zu erwarten, dass mein Partner meine Gedanken err t?" "Gibt es andere Gr nde, warum mein Partner weniger Zeit hat, die nichts mit seiner Liebe zu mir zu tun haben?"

Positive Affirmationen:

Schreibe positive Affirmationen auf, die deine alten Glaubenss tze herausfordern und ersetzen.

Hier sind einige Beispiele:

"In gesunden Beziehungen gibt es Raum f r Konflikte und deren L sung st rkt unsere Bindung."

"Wir teilen die Verantwortung in unserer Partnerschaft und unterst tzen uns gegenseitig."

"Kommunikation ist der Schl ssel, um unsere Bed rfnisse in unserer Beziehung klar auszudr cken."

"Die Zeit, die mein Partner alleine hat, ndert nichts an seiner Liebe zu mir."

T gliche Praxis:

Nimm dir vor, diese positiven Affirmationen t glich zu wiederholen, um deine neuen, ges nderen Glaubenss tze zu festigen.

Reflexion: Am Ende der bung, notiere, wie es sich anf hlt, deine Glaubenss tze zur Partnerschaft zu untersuchen und neu auszurichten. Welche Ver nderungen m chtest du in deiner Denkweise vornehmen, um eine positivere und erf llende Partnerschaft zu entwickeln?

Schreibübung Nummer 6

Schreibübung: Meine Glaubenssätze zu meinen Kindern

Diese Schreib bung hilft dir dabei, deine Gedanken und berzeugungen in Bezug auf deine Kinder zu erkunden. Nimm dir Zeit, um in dich zu gehen und ehrlich zu reflektieren. Schreibe in einem ruhigen, ungest rten Moment.

W hle eine ruhige Atmosph re: Finde einen ruhigen Ort, an dem du dich wohlf hlst und ungest rt schreiben kannst.

Schreibe einen Brief an dich selbst: Beginne, einen Brief an dich zu schreiben, in dem du ber deine Glaubenss tze in Bezug auf deine Kinder sprichst. Schreibe, was du ber sie denkst, wie du dich f hlst und welche berzeugungen du hegst.

Sei ehrlich: Lasse deine Gedanken ungefiltert fließen. Es ist in Ordnung, wenn es sowohl positive als auch negative berzeugungen gibt. Die Idee ist, deine Gedanken bewusst zu machen.

Frage dich, warum: Versuche, herauszufinden, warum du diese speziellen Glaubenss tze hast. Woher stammen sie? Haben Erfahrungen oder Einfl sse in der Vergangenheit sie gepr gt?

Reflektiere und frage dich, ob sie hilfreich sind: Gehe die aufgeschriebenen Glaubenss tze durch und frage dich, ob sie dir und deinen Kindern dienen. Sind sie hilfreich und positiv? Oder schr nken sie dich und deine Beziehung zu deinen Kindern ein?

Schreibe um: Wenn du Glaubenss tze identifizierst, die dir oder deinen Kindern nicht dienlich sind, versuche, sie umzuformulieren. Schreibe die berarbeiteten Glaubenss tze neben die urspr nglichen.

Abschluss: Beende deinen Brief an dich selbst mit einer Zusammenfassung dessen, was du aus dieser bung gelernt hast und welche Schritte du unternehmen m chtest, um deine Glaubenss tze in eine positivere Richtung zu lenken.

Diese bung hilft dir, deine Gedanken ber deine Kinder zu kl ren und negative Glaubenss tze zu identifizieren, die deine Beziehung zu ihnen beeinflussen k nnten. Sie dient als erster Schritt zur Ver nderung und zur Entwicklung einer gesunden, positiven Einstellung zu deinen Kindern.

Schreibübung Nummer 7

Meine Glaubenssätze zu meinen Beziehungen

Diese Schreib bung wird dir helfen, deine Gedanken und berzeugungen in Bezug auf deine Beziehungen zu anderen Menschen zu erkunden. Setze dich an einen ruhigen Ort, an dem du dich ungest rt f hlst, und folge diesen Schritten:

Glaubenss tze identifizieren: Nimm dir Zeit, um ber die verschiedenen Beziehungen in deinem Leben nachzudenken - Freundschaften, Bekanntschaften, Eltern, Geschwister und andere. Schreibe auf, welche Glaubenss tze du in Bezug auf diese Beziehungen hegst. Dies k nnten berzeugungen sein wie "Ich bin immer diejenige, die sich zuerst bei Freunden meldet" oder "Meine Eltern verstehen mich nie wirklich."

Hinterfrage die Quellen: Versuche, herauszufinden, woher diese Glaubenss tze stammen. Sind es Erfahrungen aus deiner Vergangenheit, Erziehung, oder gesellschaftliche Einfl sse?

Sind sie hilfreich oder hinderlich? Gehe die aufgeschriebenen Glaubenss tze durch und frage dich, ob sie dir in deinen Beziehungen dienen oder ob sie dich einschr nken. Einige Glaubenss tze k nnen positive Beziehungen f rdern, w hrend andere sie behindern.

Umschreiben: Wenn du feststellst, dass bestimmte Glaubenss tze dir oder deinen Beziehungen nicht dienen, versuche, sie umzuformulieren. Schreibe die berarbeiteten Glaubenss tze neben die urspr nglichen.

Zusammenfassung: Beende die bung, indem du dar ber nachdenkst, was du aus dieser Reflexion gelernt hast. Welche Schritte m chtest du unternehmen, um deine Glaubenss tze in Bezug auf Beziehungen positiver und ges nder zu gestalten?

Diese bung dient dazu, deine Gedanken und berzeugungen in Bezug auf Beziehungen zu kl ren und eventuell negative Glaubenss tze zu identifizieren, die deine Beziehungen beeinflussen k nnten. Sie erm glicht dir, einen bewussteren und ges nderen Umgang mit anderen Menschen zu entwickeln.

Schreibübung Nummer 8

Glaubenssätze zu meiner Arbeit

Anleitung:

Vorbereitung:

Finde einen ruhigen Ort, an dem du dich konzentrieren kannst. Stelle sicher, dass du Schreibmaterial bereit hast. Reflektiere ber deine Arbeit: Denke ber deine Arbeit nach und dar ber, wie du dich dabei f hlst. Welche Gedanken und berzeugungen hast du in Bezug auf deine Arbeit? Zum Beispiel k nnte das sein: "Ich muss immer erreichbar sein, um erfolgreich zu sein." "Ich kann meine Arbeit und meine Familie nicht gleichzeitig gut managen." "Arbeit muss immer an erster Stelle stehen." "Fehler sind inakzeptabel."

Glaubenss tze identifizieren: Schreibe eine Liste von Glaubenss tzen auf, die du bez glich deiner Arbeit hast. Hier sind einige

Beispiele: "Ich muss viel arbeiten, um erfolgreich zu sein." "Arbeit und Familie sind unvereinbar." "Nur harte Arbeit f hrt zum Erfolg." "Fehler sind ein Zeichen von Inkompetenz."

Emotionale Reaktionen: Notiere, welche Emotionen diese Glaubenss tze in dir ausl sen. F hlst du dich gestresst, ungl cklich, berfordert oder anderweitig negativ beeinflusst? Ursachen erforschen: Frage dich, woher diese Glaubenss tze stammen k nnten. Wurden sie von deinen Eltern, deinem Umfeld oder der Gesellschaft gepr gt? Gab es bestimmte Ereignisse in deinem Leben, die diese berzeugungen verst rkt haben?

Hinterfrage deine Glaubenss tze: Gehe jeden Glaubenssatz einzeln durch und frage dich, ob er wirklich wahr ist. Gibt es Beweise f r oder gegen diese berzeugung? K nnten alternative, ges ndere berzeugungen deine Beziehung zur Arbeit verbessern?

Positive Affirmationen: Schreibe positive Affirmationen auf, die deine alten Glaubenss tze herausfordern und ersetzen. Zum Beispiel: "Ich kann erfolgreich sein, ohne st ndig berstunden zu machen", "Arbeit und Familie k nnen in Balance sein", "Ich kann Erfolg haben und trotzdem meine Gesundheit und mein Gl ck bewahren."

T gliche Praxis: Nimm dir vor, diese positiven Affirmationen t glich zu wiederholen, um deine neuen, ges nderen Glaubenss tze zu festigen.

Reflexion: Am Ende der bung, notiere, wie es sich anf hlt, deine Glaubenss tze zur Arbeit zu untersuchen und m gliche Ver nderungen in deinem Denken und Verhalten zu planen.

Diese Schreib bung wird dir helfen, deine Glaubenss tze zur Arbeit zu erkennen und gegebenenfalls durch ges ndere berzeugungen zu ersetzen. Sie kann dazu beitragen, eine positivere Einstellung zur Arbeit zu entwickeln und ein ausgewogeneres Verh ltnis zwischen Beruf und Familie zu finden

Geschafft!

Herzlichen Gl ckwunsch! Du hast einen wertvollen Schritt unternommen, um deine inneren Glaubenss tze zu erkennen und zu analysieren. Dies ist eine aufregende Reise zu mehr Selbstbewusstsein und Selbstakzeptanz.

Denke daran, dass Ver nderungen Zeit brauchen. Neue Denkmuster zu etablieren ist ein Prozess, der Geduld und Achtsamkeit erfordert. Es ist normal, wenn alte Glaubenss tze immer wieder auftauchen, aber du bist jetzt mit den Werkzeugen ausger stet, um bewusst darauf zu reagieren.

Es ist auch wichtig zu verstehen, dass Glaubenss tze nicht nur in einem Bereich deines Lebens auftreten. Sie k nnen sich auf verschiedene Aspekte auswirken, sei es in Bezug auf deine Beziehungen, Arbeit oder pers nliche Ziele. Die gute Nachricht ist, dass du dein Werkzeug individuell anpassen und in jedem Lebensbereich anwenden kannst.

Deine Bereitschaft, deine Glaubenss tze zu hinterfragen und zu ver ndern, ist bewundernswert. Du bist auf dem besten Weg, ein Vorbild f r deine Kinder zu sein und ihnen beizubringen, wie wichtig es ist, sich selbst zu verstehen und liebevoll mit sich selbst umzugehen.

Modul 5

Die Trigger Analyse

Die Bedeutung der Trigger-Analyse f r ein erf llte s Leben

Unsere Reise durch das Leben ist gepr gt von einer Vielzahl an Herausforderungen, Erlebnissen und Begegnungen, die auf unterschiedliche Weise auf uns wirken. In manchen Momenten sind es spezielle Trigger, also Ausl ser oder Reize, die starke emotionale Resonanzen in uns ausl sen k nnen.

Diese Auslöser können vielfältig sein, sei es durch Vergangenheitserfahrungen, gegenwärtige Situationen oder tief verwurzelte psychische Muster. Die Fähigkeit, diese Auslöser zu erkennen, zu analysieren und zu verstehen, spielt eine entscheidende Rolle, um ein erfülltes und ausgewogenes Leben zu führen.

Es ist wichtig zu beachten, dass Trigger nicht zwangsl ufig negativ sind. Tats chlich k nnen sie uns wertvolle Einblicke in unsere inneren Prozesse und unsere pers nliche Entwicklung bieten.

Die bewusste Auseinandersetzung mit deinen Reizen kann dir auf verschiedene Weisen helfen. Die F higkeit, unsere Ausl ser zu identifizieren und zu verstehen, fungiert wie ein Schl ssel, der uns Zugang zu einer tieferen Ebene der Selbsterkenntnis und inneren Harmonie verschafft.

Die Analyse von Triggern mag anf nglich herausfordernd sein, da sie mitunter unangenehme oder schmerzhafte Emotionen und Erinnerungen ausl sen kann. Doch sie bietet gleichzeitig die Chance f r großes pers nliches Wachstum und eine tiefere Verbindung zu dir selbst.

Der steinige Weg lohnt sich!

Die Trigger-Analyse kann ein Werkzeug sein, das uns erlaubt, bewusster und achtsamer durch das Leben zu gehen, unsere Reaktionen bewusst zu lenken und letztendlich die Kontrolle ber unser eigenes Wohlbefinden zu bernehmen.

Schreibübung 9

Trigger-Analyse für Selbstauslöser

W hle einen ruhigen Ort: Finde einen gem tlichen, ungest rten Platz, an dem du dich auf das Schreiben konzentrieren kannst.

Atme tief ein und aus: Nimm dir einige Augenblicke, um tief durchzuatmen und dich zu entspannen. Lasse alle ußeren Gedanken und Ablenkungen los.

Notiere die Absicht: Beginne die bung, indem du dir bewusst machst, dass das Ziel dieser Trigger-Analyse ist, herauszufinden, wie deine eigenen berzeugungen, Werte oder pers nlichen Erfahrungen dazu beitragen, dass du in bestimmten Situationen emotional reagierst.

Identifiziere Situationen: Denke an Situationen oder Momente, in denen du in letzter Zeit negative Emotionen, wie rger, Frustration, oder Unsicherheit versp rt hast. Schreibe diese Situationen auf.

Beschreibe deine Emotionen: Notiere, welche Emotionen du in diesen Situationen empfunden hast. Sei so pr zise wie m glich und beschreibe, was in dir vorging.

Identifiziere dein eigenes Verhalten: Frage dich, welches Verhalten deinerseits in diesen Momenten diese starken Emotionen ausgel st hat. Hast du etwas gesagt oder getan, was dich selbst triggert? Schreibe dies auf.

Gehe in die Tiefe: Versuche, tiefer zu graben und zu verstehen, warum dein eigenes Verhalten dich so stark beeinflusst. Gibt es vergangene Erfahrungen oder Erinnerungen, die diese Reaktionen verst rken k nnten?

Erkunde alternative Perspektiven: Denke dar ber nach, ob es alternative Sichtweisen oder Interpretationen der Situation geben k nnte. Wie k nntest du anders auf dein eigenes Verhalten reagieren?

Formuliere konstruktive Ans tze: berlege, wie du in Zukunft mit deinem eigenen Verhalten umgehen kannst, um negative Emotionen zu vermeiden oder zu bew ltigen. Welche Strategien k nnten dir helfen, ruhiger zu reagieren und deine Emotionen in den Griff zu bekommen?

Abschluss und Reflexion: Beende die bung, indem du einige abschließende Gedanken notierst. Wie hat die Analyse deines eigenen Verhaltens und deiner Trigger deine Sicht auf dich selbst ver ndert? Welche Schritte m chtest du unternehmen, um konstruktiver mit deinem eigenen Verhalten umzugehen und dein Wohlbefinden zu steigern?

Diese Trigger-Analyse f r Selbstausl ser erm glicht es dir, bewusster mit deinem eigenen Verhalten umzugehen und die Kontrolle ber deine Emotionen zu gewinnen. Es f rdert ein tieferes Verst ndnis deiner Reaktionen und bietet dir die M glichkeit, konstruktivere Wege zu finden, mit negativen Emotionen umzugehen.

Maria's Trigger-Analyse: Praxisbeispiel

Maria, eine 42-j hrige Mutter von zwei Kindern, erlebt in letzter Zeit vermehrt Konflikte mit ihrem Partner, insbesondere wenn es um Fragen zur Erziehung ihrer Kinder geht. Diese Streitereien haben Maria dazu gebracht, genauer dar ber nachzudenken, warum sie so emotional reagiert. In diesem Prozess wurde ihr bewusst, dass einige ihrer Reaktionen und Gef hle auf tief verwurzelten berzeugungen und pers nlichen Erfahrungen basieren.

In ihrer Kindheit war ihr Vater ußerst streng, was bei Maria tiefe Spuren hinterlassen hat. Sie traut sich oft nicht zu sagen, was sie denkt und bef rchtet immer unbewusst, eine Strafe f r ihr Verhalten zu bekommen. Ganz im Gegensatz zu ihr ist ihr Partner sehr direkt in seiner Kommunikation, was Maria oft verunsichert und triggert. Sie f hlt sich unbehaglich und von ihm kontrolliert.

Sie reagiert besonders emotional, wenn er klare Ansichten zur Erziehung der Kinder ußert.

Maria hat erkannt, dass es an der Zeit ist, sich diesen Triggern zu stellen und herauszufinden, wie sie besser damit umgehen kann. Sie versteht, dass ihre emotionalen Reaktionen nicht immer angemessen sind und dass sie an sich selbst arbeiten muss, um ihre Beziehung zu ihrem Partner zu verbessern und f r ihre Kinder ein harmonischeres Umfeld zu schaffen.

Maria hat sich dazu entschlossen, an ihren Triggerpunkten zu arbeiten: Sie identifiziert die Ausl ser f r ihre emotionalen Reaktionen. Sie arbeitet daran, zu erkennen, wann sie getriggert wird und macht sich bewusst, dass dies aus ihrer eigenen Vergangenheit und ihren Erfahrungen resultiert. Das ist nicht sehr leicht und sie muss manchmal in einem Streitgespr ch eine Pause einlegen, um zu reflektieren. Sie hat ihrem Partner erkl rt, dass sie an ihren Triggern arbeitet und er versucht, ihr den Raum f r die Reflexion zu geben.
Maria praktiziert also regelm ßige Selbstreflexion und Achtsamkeit. Sie nimmt sich Zeit, um ihre Gedanken und Emotionen ohne Urteil zu beobachten, um bewusster auf ihre Reaktionen zu reagieren.

Sie hat auch begonnen, offen mit ihrem Partner ber ihre Empfindungen und Bedenken zu sprechen. Dazu brauchte sie einige Anl ufe, aber nach einer Weile hat sie es geschafft und mit der Zeit f llt es ihr auch immer leichter. Die Art, wie die beiden miteinander kommunizieren, hat sich durch ihr ver ndertes Verhalten auch gewandelt. Gemeinsam suchen sie nach L sungen und arbeiten an einer konstruktiven Kommunikation.

Maria ist sich bewusst, dass sie professionelle Hilfe in Anspruch nehmen kann, wenn ihre Trigger besonders intensiv sind und sie Schwierigkeiten hat, alleine damit umzugehen. Erstmal versucht sie es jedoch alleine, sie hat aber sich aber auch schon ber kognitive Verhaltenstherapie informiert.

Maria ist nur ein Beispiel (einer realen Person): Aufgrund ihrer Trigger versteht sie oft Aussagen ihres Partners ungerechtfertigt falsch, was zu Streitigkeiten und Entfremdung f hrt. Jede Frau, Partnerschaft und Familie ist anders und es ist sehr wichtig, dass du deine eigenen Trigger aufmerksam identifizierst und auch unterscheiden kannst, wann du getriggert wirst und wann andere Personen in deinem Umfeld Grenzen bertreten. Indem du dich besser kennenlernst, kannst du auch besser erkennen, wenn dir Manipulation oder anderes toxisches Verhalten begegnen und dich durch die klare Kommunikation deiner Werte davor sch tzen.

Schreibübung Nummer 10

Ich schreibe: Eine Trigger-Analyse für meine Partnerschaft

Anleitung:
W hle einen ruhigen Ort: Suche dir einen ruhigen und ungest rten Ort, an dem du dich wohl f hlst und dich auf das Schreiben konzentrieren kannst. Setze dich in eine bequeme Position: Nimm eine bequeme Sitzposition ein und atme einige Male tief ein und aus, um dich zu entspannen.

Notiere die Absicht: Beginne deine bung, indem du dir bewusst machst, dass das Ziel dieser bung ist, deine eigenen emotionalen Trigger oder Ausl ser in der Partnerschaft zu erkunden.

Ein Trigger ist ein Ereignis oder Verhalten deines Partners, das bei dir eine starke emotionale Reaktion auslöst.

Reflektiere ber Trigger: Denke ber die letzten Ereignisse oder Situationen in deiner Partnerschaft nach, in denen du starke Emotionen versp rt hast, sei es rger, Frustration, Traurigkeit oder etwas anderes. Notiere diese Ereignisse oder Situationen.

Beschreibe deine Emotionen: Schreibe auf, welche Emotionen du in diesen Momenten empfunden hast. Versuche, so pr zise wie m glich zu sein. Zum Beispiel: "Ich habe mich verletzt gef hlt, als mein Partner meine Idee ablehnte." Identifiziere deine Trigger: Stelle dir die Frage: Was hat diese starken Emotionen ausgel st? Welches Verhalten oder welche Worte deines Partners haben diese Reaktion hervorgerufen? Notiere diese Ausl ser.

Gehe in die Tiefe: Versuche, tiefer zu graben und zu verstehen, warum bestimmte Dinge dich so stark beeinflussen. Gibt es vergangene Erfahrungen oder Erinnerungen, die diese Reaktionen verst rken k nnten?

Erkunde alternative Perspektiven: berlege, ob es alternative Sichtweisen oder Interpretationen der Situation geben k nnte. Wie k nnte dein Partner die Situation aus seiner Perspektive sehen? Dies kann helfen, Empathie zu entwickeln.

Formuliere konstruktive Ans tze: berlege, wie du in Zukunft mit diesen Triggern umgehen kannst, um Konflikte zu vermeiden oder zu l sen.

Welche Strategien k nnten dir dabei helfen, ruhiger zu reagieren und die Kommunikation in der Partnerschaft zu verbessern?

Abschluss und Reflexion: Beende die bung, indem du einige abschließende Gedanken notierst. Wie hat die Analyse deiner Trigger deine Sicht auf die Partnerschaft ver ndert? Welche Schritte m chtest du unternehmen, um deine Beziehung zu st rken und Konflikte konstruktiver anzugehen?

Die Trigger-Analyse ist eine wirksame Methode, um ein tieferes Verst ndnis f r deine eigenen Reaktionen in der Partnerschaft zu entwickeln und M glichkeiten zur Verbesserung der Kommunikation und des Zusammenlebens zu finden. Sie erm glicht es dir, bewusster mit Konflikten umzugehen und eine ges ndere Beziehung aufzubauen.

Schreibübung Nummer 11

Eine Trigger-Analyse für mich und mein Kind

Du bist eine Mutter, die in jeder herausfordernden Situation das Beste f r ihr Kind m chte. Aber manchmal, wenn das Verhalten deines Kindes dich herausfordert, merkst du, dass es in dir bestimmte Emotionen hervorruft, die du nicht immer gleich verstehen kannst. Hier kommt die Trigger-Analyse ins Spiel.

Anleitung: Setze dich an einen ruhigen Ort, an dem du ungest rt schreiben kannst. Atme einige Male tief ein und aus, um dich zu zentrieren.

Nimm das Blatt Papier oder dein Notizbuch und den Stift zur Hand. Schreibe oben auf die Seite: "Die Trigger-Analyse: Wenn das Verhalten meines Kindes mich triggert". Denke an eine konkrete Situation, in der das Verhalten deines Kindes eine starke emotionale Reaktion bei dir ausgel st hat. Schreibe diese Situation auf. Schreibe auf, welche Gef hle in dieser Situation bei dir hochgekommen sind.

Zum Beispiel: Wut, Frustration, Hilflosigkeit, Schuldgef hle ... Reflektiere dar ber, ob es in deiner Vergangenheit hnliche Situationen oder Ereignisse gab, die diese Gef hle ausgel st haben k nnten. Dies k nnen pers nliche Erfahrungen aus deiner Kindheit oder andere Lebensereignisse sein.

Stelle dir vor, wie du in der besagten Situation anders reagieren k nntest, um mit deinen Emotionen konstruktiver umzugehen. Schreibe diese alternativen Reaktionen auf. berlege, ob du in Zukunft Maßnahmen ergreifen kannst, um hnliche Trigger-Situationen zu vermeiden oder besser damit umzugehen. Schreibe diese Maßnahmen auf.

Beende die bung, indem du dir selbst Verst ndnis und Mitgef hl schenkst. Erinnere dich daran, dass es normal ist, von Zeit zu Zeit getriggert zu werden, und dass du an deiner emotionalen Gesundheit arbeitest. Diese Schreib bung hilft dir dabei, dich bewusster mit deinen Triggern auseinanderzusetzen, deine emotionalen Reaktionen zu verstehen und M glichkeiten zur Selbstregulierung zu erkunden. Sie kann dazu beitragen, Konflikte in eurer Eltern-Kind-Beziehung besser zu bew ltigen und die Kommunikation zu verbessern.

Schreibübung Nummer 12

Ich schreibe eine Triggeranalyse für meine Arbeit

Anleitung:

Vorbereitung: Setze dich an einen ruhigen Ort, an dem du dich wohl f hlst, und nimm dir Zeit f r diese bung.

Bewusstwerden: Denke dar ber nach, welche Aspekte deiner Arbeit dich oft stressen, rgern oder emotional herausfordern. Welche Situationen oder Ereignisse l sen Unbehagen oder negative Gef hle in dir aus? Zum Beispiel k nnten das sein: Meetings, Deadlines, Konflikte mit Kollegen, oder die Arbeits berlastung.

Trigger identifizieren: Schreibe eine Liste von konkreten Triggern auf, die du in deiner Arbeit erlebst. Verwende spezifische Beispiele. Zum Beispiel: "Wenn mein Vorgesetzter ungeplante berstunden von mir verlangt", "Wenn ein bestimmter Kollege meine Ideen immer kritisiert", oder "Wenn ich das Gef hl habe, meine Arbeit nicht bew ltigen zu k nnen." Emotionale Reaktionen: Notiere, welche Emotionen diese Trigger in dir ausl sen. Das k nnen rger, Stress, Angst, Frustration oder andere Gef hle sein. Schreibe auf, wie stark diese Emotionen sind.

Ursachen erforschen: Gehe tiefer und frage dich, warum diese speziellen Trigger solch starke Emotionen in dir ausl sen. Gibt es fr here Erfahrungen, die damit in Verbindung stehen k nnten? Haben diese Trigger mit deinen eigenen Erwartungen oder berzeugungen ber Arbeit zu tun? Alternative Perspektiven: berlege, ob es alternative Wege gibt, wie du auf diese Trigger reagieren k nntest. Wie k nntest du deine Denkweise oder Herangehensweise ndern, um weniger emotional belastet zu sein?

Schreibe einen Brief an dich selbst, indem du deine Erkenntnisse aus dieser Triggeranalyse festh ltst. Beschreibe, wie du in Zukunft mit diesen Triggern umgehen m chtest, um deine emotionale Belastung zu verringern. Formuliere positive Affirmationen, die dir helfen k nnen, ruhiger und gelassener zu reagieren. Reflexion: Nachdem du den Brief geschrieben hast, nimm dir einen Moment, um zu reflektieren, wie es sich anf hlt, deine Trigger n her zu betrachten und m gliche L sungsans tze zu entwickeln.

Diese Schreib bung wird dir helfen, deine pers nlichen Trigger in Bezug auf deine Arbeit zu identifizieren und konstruktive Wege zu finden, um mit ihnen umzugehen. Die Analyse und Reflexion k nnen dazu beitragen, deine berufliche Zufriedenheit und dein Wohlbefinden zu steigern.

Schreibübung Nummer 13

Die Trigger-Analyse für Beziehungen

Die Trigger-Analyse ist ein kraftvolles Instrument, um ein tieferes Verst ndnis f r die eigenen emotionalen Reaktionen in Beziehungen zu entwickeln. Es erm glicht uns, Muster zu erkennen, die sich in verschiedenen zwischenmenschlichen Situationen wiederholen, sei es in Beziehungen zu

M ttern, Schwestern, Freundinnen, Lehrerinnen oder anderen wichtigen Personen in unserem Leben. Indem wir diese Muster identifizieren und verstehen, k nnen wir bewusster mit unseren Emotionen umgehen und unsere Beziehungen verbessern.

Anleitung zur Trigger-Analyse f r Beziehungen:

W hle einen ruhigen Ort: Finde einen ruhigen Ort, an dem du dich entspannen und auf deine Gedanken konzentrieren kannst.

Atme tief ein und aus: Nimm einige tiefe Atemz ge, um dich zu beruhigen und zu zentrieren. Lasse alle ußeren Gedanken los und fokussiere dich auf die bung

Notiere die Absicht: Mache dir bewusst, dass das Ziel dieser bung ist, deine emotionalen Trigger und Muster in verschiedenen Beziehungen zu erkunden.

Identifiziere Beziehungen: Denke ber die Beziehungen in deinem Leben nach, sei es zu deiner Mutter, Schwester, Freundin, Lehrerin, oder anderen Personen, die f r dich wichtig sind. Schreibe diese Beziehungen auf.

Erinnere dich an Trigger: berlege, ob es in diesen Beziehungen bestimmte Ausl ser oder "Trigger" gibt, die starke emotionale Reaktionen bei dir ausl sen. Schreibe diese Trigger auf und beschreibe, was in diesen Momenten passiert.

Erkenne Muster: Versuche, Muster zu erkennen, die sich in verschiedenen Beziehungen wiederholen. Gibt es hnliche Situationen oder Verhaltensweisen, die in verschiedenen Beziehungen hnliche Reaktionen bei dir ausl sen?

Beschreibe deine Emotionen: Schreibe auf, welche Emotionen du in diesen Situationen empfindest. Sei so pr zise wie m glich und beschreibe, wie du dich f hlst.

Gehe in die Tiefe: Versuche, tiefer zu graben und zu verstehen, warum diese Trigger dich so stark beeinflussen. Gibt es vergangene Erfahrungen oder Erinnerungen, die diese Reaktionen verst rken k nnten?

Erkunde alternative Perspektiven: Denke dar ber nach, ob es alternative Sichtweisen oder Interpretationen der Situationen gibt. Wie k nntest du anders auf diese Trigger reagieren?

Formuliere konstruktive Ans tze: berlege, wie du in Zukunft mit diesen Triggern umgehen kannst, um Konflikte zu vermeiden oder zu l sen. Welche Strategien k nnten dir helfen, ruhiger zu reagieren und die Kommunikation in deinen Beziehungen zu verbessern?

Abschluss und Reflexion: Beende die bung, indem du einige abschließende Gedanken notierst. Wie hat die Analyse deiner Trigger in Beziehungen deine Sicht auf diese Beziehungen ver ndert? Welche Schritte m chtest du unternehmen, um deine Beziehungen zu st rken und Konflikte konstruktiver anzugehen?

Die Trigger-Analyse f r Beziehungen erm glicht es dir, ein tieferes Verst ndnis f r deine Reaktionen in verschiedenen Beziehungen zu entwickeln. Sie hilft dir, bewusster mit Konflikten umzugehen, deine Empathie zu entwickeln und eine ges ndere Kommunikation in deinen Beziehungen aufzubauen.

Geschafft!

Diese Trigger-Analysen sind ein Schl ssel, um die eigenen Reaktionen besser zu verstehen und m gliche Wege zur Bew ltigung zu erkunden. Damit hast du bereits Werkzeuge in der Hand, um in herausfordernden Situationen gelassener zu reagieren

Denke daran, dass die Vorteile dieser Analysen nicht nur kurzfristig sind. Du wirst in der Lage sein, langfristig an deiner Reaktion auf diese Triggerpunkte zu arbeiten. Es ist auch hilfreich, die Analysen in einigen Monaten zu wiederholen, um deine Fortschritte zu verfolgen.

Schließlich m chte ich dir raten, nicht zu hart mit dir selbst zu sein. Du bist auf einem spannenden Weg und es ist v llig in Ordnung, wenn du gelegentlich R ckschl ge erlebst und deine Pl ne, dieses Buch f r dich zu nutzen, durcheinandergeraten. Diese Stolpersteine geh ren dazu und bieten dir die M glichkeit, weiter zu wachsen.

Teil 2

Den Alltag managen

Modul 6

Tagesplanung

Deine Tagesplanung als Mutter kann eine immense Herausforderung darstellen. Da gibt es so viele unberechenbare Faktoren, die in deinen Alltag einbrechen. Kinder k nnen pl tzlich krank werden, die Kita kann wegen einer Epidemie geschlossen sein, der Hund verletzt sich und ben tigt dringende Pflege, der Partner ist auf Gesch ftsreise und berl sst dir die ganze Verantwortung – und dann sind da noch die vielen Herausforderungen im Beruf. Du bist nicht allein, wenn du dich von diesen unvorhersehbaren Ereignissen manchmal berw ltigt f hlst.

Die Mutterrolle ist wirklich eine Mammutaufgabe, und es gibt so viele Dinge, die gleichzeitig erledigt werden müssen. Es ist wichtig zu verstehen, dass niemand jeden Tag einen perfekten Tagesablauf hat. Das Leben ist nun mal unvorhersehbar und so viele Dinge sind außerhalb unserer Kontrolle.

Worauf es wirklich ankommt, ist der bewusste Umgang mit der Zeit und den Priorit ten. Es ist okay, wenn Pl ne sich ndern m ssen. Das bedeutet nicht, dass du versagt hast. Vielmehr zeugt es von Anpassungsf higkeit und St rke. Du tust dein Bestes, und das ist mehr als genug. Wenn die Dinge mal nicht wie geplant laufen, denk daran, dass es nicht nur darum geht, die To-Do-Liste abzuarbeiten, sondern auch darum, Zeit mit deinen Kindern zu verbringen, Momente des Gl cks zu genießen und f r dich selbst zu sorgen. Du machst das großartig, auch wenn nicht immer alles nach Plan verl uft.

Tagesplanung und Priorit ten

Selbst inmitten des hektischen Mutterseins ist es entscheidend, Momente f r Selbstreflexion und Selbstsorge zu finden. Die bung "Meine Tagesplanung und meine Priorit ten" hilft dir dabei, bewusster zu werden, wie du deine Zeit verbringst, und wie du Priorit ten setzt. Diese Selbstbeobachtung erm glicht es dir, den Fokus auf deine eigenen Bed rfnisse zu lenken und sicherzustellen, dass du genug Zeit f r dich selbst in deinem Tagesablauf einplanst. Damit legst du den Grundstein f r mehr Gl ck und Ausgeglichenheit in deinem Leben.

Schreibübung Nummer 14

Meine Tagesplanung und meine Prioritäten

Reflexion: Setze dich an einen ruhigen Ort und reflektiere ber deinen typischen groben Tagesablauf. Zum Beispiel k nntest du so starten: "Mein Tag beginnt hektisch, da ich die Kinder f r die Schule fertigmache und dann zur Arbeit gehe. Nach der Arbeit bin ich oft ersch pft und es bleibt wenig Zeit f r mich selbst."

Priorit ten setzen: Schreibe eine Liste der wichtigsten Aufgaben und Verpflichtungen auf. Zum Beispiel: "Morgens: Kinder f r die Schule fertigmachen, Arbeit, Abends: Hausarbeit, Kinderbetreuung."

Tagesplan erstellen: Erstelle einen detaillierten Tagesplan, der diese Priorit ten ber cksichtigt. Plane Pausen f r dich selbst ein und vergiss nicht, Zeit f r Selbstpflege und Entspannung einzubinden

Umsetzung: Versuche diesen Plan in den kommenden Tagen umzusetzen. Notiere, wie es dir dabei ergangen ist, und welche Anpassungen du m glicherweise vornehmen musst. Zum Beispiel: "Ich habe festgestellt, dass ich mehr Zeit f r mich selbst ben tige, also werde ich versuchen, eine Stunde fr her ins Bett zu gehen, um morgens mehr Zeit f r meine Selbstpflege zu haben."

1 Woche sp ter: „Unser Schlafrhythmus ist gerade wieder komplett durcheinandergeraten. Ich bin froh, wenn ich berhaupt mal ein Auge zumachen kann. Aber ich habe meine Mama angerufen, sie kommt am Samstag und ich nehme mir erstmal dann die Zeit f r mich und schaue sp ter, wie es n chste Woche weitergeht und wie ich eine Routine etablieren kann. Ich kann gerade nicht konkret planen aber ich bleibe dran."

Diese bung schwingt im Dreiklang mit den beiden folgenden Schreib bungen, sie dient praktisch als Warm-Up. Hier machst du dir deinen Tagesablauf bewusst und richtest den Fokus auf m gliche Ver nderungen, um mehr Zeit f r dich zu haben. In der n chsten bung definierst du deine Bed rfnisse dann noch konkreter, um die Zeit, die du f r dich einplanst, auch mit T tigkeiten zu f llen, die zu deinem Gl ck beitragen. In Modul 8 gehst du dann noch einen Schritt weiter in Richtung Management und planst und delegierst, um deine Bed rfnisse auch langfristig erf llen zu k nnen.

Manuela, 37 Jahre alt und Mutter von zwei Kindern

Reflexion: *Mein Tag startet oft hektisch, wenn ich morgens die Kinder für die Schule fertig mache und mich dann zur Arbeit beeile. Nach der Arbeit fühle ich mich oft erschöpft und gestresst. Die Zeit* *für mich selbst scheint dabei oft zu kurz zu kommen.*

Priorit ten setzen: *Die Hauptaufgaben und Verpflichtungen in meinem Tag umfassen das Vorbereiten der Kinder für die Schule, meine Arbeitszeit und die anschließende Kinderbetreuung sowie Hausarbeit. Ich erkenne, dass diese Dinge unerlässlich sind, frage mich aber, ob ich einige Aufgaben vielleicht besser delegieren oder verschieben kann, um mehr Zeit für mich selbst zu schaffen.*

Tagesplan erstellen:

5:30 Uhr - 6:30 Uhr: Kinder für die Schule fertigmachen 7:00 Uhr - 15:00 Uhr: Arbeit 16:00 Uhr - 17:00 Uhr: Hausarbeit 17:30 Uhr - 19:30 Uhr: Zeit mit den Kindern verbringen 20:00 Uhr - 21:00 Uhr: Zeit für mich selbst

Umsetzung: *In den kommenden Tagen werde ich diesen Plan umsetzen und genau aufschreiben, wie es mir dabei ergeht. Ich habe bereits erkannt, dass ich mehr Zeit für mich selbst benötige, deshalb werde ich* *versuchen, diese Zeit für mich einzuplanen. Mein Ziel ist es, sicherzustellen, dass ich in meinem oft hektischen Alltag Momente für mich finde und meine Prioritäten so anpasse, dass auch meine eigenen Bedürfnisse Berücksichtigung finden.*

Modul 7

Selbstreflexion und meine Bed rfnisse

Du kennst es sicherlich – die Phasen, in denen du dich gestresst, berfordert oder einfach ersch pft f hlst. Es ist wichtig, diese Gef hle nicht zu ignorieren, sondern ihnen Beachtung zu schenken. Diese bung f hrt dich durch einen

Prozess der Selbstreflexion, in dem du die Gelegenheit hast, dar ber zu schreiben, wie du dich in letzter Zeit gef hlt hast.

Dar ber hinaus wirst du Bed rfnisse erkennen und Priorit ten setzen. Das ist der erste Schritt, um Ver nderungen in deinem Alltag vorzunehmen, die dir helfen, dich wieder ausgeglichener und erf llter zu f hlen.

Schreibübung Nummer 15

Gefühle und Bedürfnisse

Selbstreflexion: Schreibe dar ber, wie du dich in letzter Zeit gef hlt hast. Zum Beispiel: "In letzter Zeit habe ich mich oft gestresst und berfordert gef hlt." "Ich bin oft gereizt und f hle mich ersch pft."

Bed rfnisse erkennen: berlege, welche deiner Bed rfnisse vernachl ssigt wurden. Zum Beispiel: "Ich habe bemerkt, dass ich gar nicht mehr gelesen habe, obwohl ich es so liebe und meine sozialen Kontakte habe ich auch vernachl ssigt."

Priorit ten setzen: Schreibe eine Liste deiner wichtigsten Bed rfnisse. Zum Beispiel: "1. Lesen 2. Soziale Interaktionen, 3. Gesunde Ern hrung und Bewegung."

Aktionsplan: Integriere deine Erkenntnisse aus dieser bung in deinen Aktionsplan, den du bereits in der letzten bung erstellt hast. Konkretisiere, wie du deine Zeit verbringen m chtest und setze dir realistische Ziele. Zum Beispiel: "Ich werde jeden Mittwochabend eine halbe Stunde f r mich selbst reservieren, um zu lesen. Außerdem werde ich versuchen, fter mit Freunden zu telefonieren oder mich mit ihnen zu treffen.

Modul 8

Zeitmanagement und Delegation inmitten des turbulenten Familienlebens

Ja, es kann sich anf hlen wie ein gewaltiges Puzzle mit viel zu vielen Teilen. Du stehst morgens auf und der Tag beginnt mit einem Tornado aus Aktivit ten. Schnell Fr hst ck machen, die Kinder versorgen, zur Arbeit eilen, Abendessen zubereiten und dann Abendroutine mit den Kids. Zeit f r dich? Na ja, das kommt oft zu kurz.

Die Tatsache, wie schwer es ist, Zeit zu managen und Aufgaben zu delegieren, ist unumstritten. Es ist eine Herausforderung, die viele Faktoren beinhaltet. du musst nicht nur deine eigenen Gewohnheiten und Zeitfallen identifizieren, sondern möglicherweise auch Muster mit deinem Partner durchbrechen.

Die Familie muss motiviert werden, um Verantwortung zu bernehmen, vielleicht k nnt ihr eine Babysitterin in Betracht ziehen oder eine Haushaltshilfe engagieren. Das mag eine gewaltige Aufgabe sein, aber es ist eine sinnvolle. Denn die positive Ver nderung, die du dadurch bewirken kannst, ist nachhaltig und wird sich auf dein Leben und deine Familie auswirken.

Mit dieser bung zum Zeitmanagement und zur Delegation m chte ich dir einen ersten Schritt in diese Richtung erm glichen. Du wirst deine Zeitnutzung analysieren, Priorit ten setzen und lernen, welche Aufgaben du delegieren kannst. Du wirst einen Plan erarbeiten, um die Verantwortlichkeiten im Haushalt zu verteilen, damit du nicht alles alleine bew ltigen musst. du verdienst Zeit f r dich selbst, um zu entspannen und neue Energie zu tanken. Und gemeinsam werden wir einen Weg finden, um dies zu erreichen.

Zeitmanagement und Delegation

Diese bung zum Zeitmanagement und zur Delegation ist ein erster Schritt, um die Kontrolle ber deinen Zeitplan zur ckzugewinnen und wieder mehr Freiraum f r dich selbst zu schaffen. In dieser bung wirst du die M glichkeit haben, deine Zeitnutzung zu analysieren und herauszufinden, wo du m glicherweise Zeit und Energie „einsparen" kannst. Du wirst Priorit ten setzen und lernen, welche Aufgaben du delegieren kannst, sei es an Familienmitglieder oder andere unterst tzende Personen. Ein strukturierter Delegationsplan wird dir helfen, die Verantwortlichkeiten in deinem Haushalt aufzuteilen, sodass du nicht alles alleine bew ltigen musst. Und nicht zuletzt werden wir sicherstellen, dass du Zeit f r dich selbst in deinem Tagesablauf einplanst, um dich zu erholen und neue Energie zu tanken.

Schreibübung Nummer 16

Mein Zeitmanagement und Delegation

Analyse der Zeitnutzung: Schreibe auf, wie du deine Zeit typischerweise verbringst. Nutze deine Erkenntnisse aus den letzten zwei bungen dazu. Zum Beispiel: "Ich verbringe viel Zeit mit Hausarbeit und erledige alles alleine. Das nimmt mir viel Zeit und Energie."

Priorit ten setzen: Identifiziere nun konkret die Aufgaben, die du delegieren oder outsourcen k nntest. Zum Beispiel: "Ich k nnte meine Kinder in die Hausarbeit einbeziehen und bestimmte Aufgaben an meinen Partner abgeben."

Delegationsplan: Erstelle einen Plan, um Aufgaben an andere Familienmitglieder oder unterst tzende Personen zu delegieren. Zum Beispiel: "Ich werde meinen Kindern klare Aufgaben zuweisen, wie das Aufr umen ihres Zimmers. Mein Partner wird sich um den Einkauf k mmern."

Zeit f r dich: Plane regelm ßige Pausen und Zeit f r Selbstpflege in deinen Tagesablauf ein. Zum Beispiel: "Ich werde mir jeden Samstagmorgen eine Stunde Zeit nehmen, um spazieren zu gehen oder Yoga zu machen, um mich zu entspannen und Energie zu tanken." Oder: "Jeden Tag nehme ich mir eine halbe Stunde f r mich."

Damit bist Du flexibel in der Umsetzung und hast eine gr ßere Chance, dass Dein Plan funktioniert.

Bewusstwerden über die anfallenden Aufgaben in deinem Leben

Manchmal ist dir vielleicht gar nicht bewusst, wie viel du tagt glich leistest und wie umfangreich das Spektrum der Aufgaben ist. Im Folgenden findest du eine Liste mit Kategorien und Unterpunkten, die du individuell anpassen und erweitern kannst. Du wirst wahrscheinlich einiges ndern und auch noch deutlich mehr Details zuf gen. Das ist wunderbar, denn es zeigt, dass Du dich intensiv mit deiner Mental Load und deiner Work Load auseinandersetzt.

Es kann eine Weile dauern, bis deine persönliche Liste vollständig ist. Allerdings lohnt sich die Mühe. Es ist sehr hilfreich, alle Aufgaben wahrzunehmen und zu benennen, um sie dann sinnvoll priorisieren und delegieren zu können.

Um einen guten berblick ber die Verteilung der Ausgaben zu erhalten, bietet es sich auch an, dass ihr auf einer Liste genau festhaltet, wer welche Angelegenheiten bernimmt. Manche Paare machen sich auch Karten mit allen Aufgaben und teilen diese dann unter sich auf. Wichtig ist, dass die Person, die eine Pflicht bernimmt, sie auch zu 100 % ausf hrt, damit sie f r den Partner oder die Partnerin keine mentale Belastung darstellt. Nat rlich kann und muss (welche Pl ne funktionieren im Mamaalltag schon immer) es nach Absprache Ausnahmen geben, aber der Grundsatz der kompletten Verantwortlichkeit ist eine wichtige Basis f r das Gelingen der Austeilung und die Zufriedenheit aller Beteiligten.

1. Haushalt:

- T gliche Reinigung des Hauses (Staubsaugen, Wischen, Aufr umen)
- W schepflege (Waschen, B geln, Falten)
- Gartenpflege (M hen, Bew sserung, Gartenarbeit)
- Pflege des Autos (Reinigung, Wartung)
- Essenszubereitung und Mahlzeitenplanung
- Einkauf von Lebensmitteln und Haushaltswaren

2. Kinderbetreuung und Bildung:

- Kinder zur Kita/Schule bringen und abholen
- Hilfe bei Hausaufgaben und Projekten
- Organisation von außerschulischen Aktivit ten
- Betreuung der Kinder w hrend der Ferienzeiten

3. Finanzen und Organisation:

- Rechnungen bezahlen und Budgetverwaltung
- Verwaltung von Kindergeld und anderen finanziellen Angelegenheiten
- Organisation von Versicherungen und Steuerangelegenheiten

4. Gesundheit und Pflege:

- Arztbesuche und Vorsorgeuntersuchungen f r Kinder
- Krankheitsmanagement (Medikamentenvergabe, Pflege bei Krankheit)
- Pflege kranker Familienmitglieder (falls relevant)

5. Soziale Aktivit ten und Kontakte:

- Pflege von Kontakten zu Freunden und Familienmitgliedern
- Organisation von Familientreffen oder Treffen mit Freunden
- Planung und Organisation von Feierlichkeiten (Geburtstage, Feiertage)
- Geschenke kaufen f r Familienmitglieder oder besondere Anl sse

6. Erwerbsarbeit:

- Berufliche T tigkeiten und Arbeitszeiten der Eltern

7. Gespr che mit Erzieherinnen und Lehrerinnen:

- Kommunikation und Treffen mit Erzieherinnen und Lehrerinnen
- Teilnahme an Elternversammlungen und Elterngespr chen
- Austausch ber den Entwicklungsstand der Kinder und schulische/erzieherische Angelegenheiten

8. Screenzeit-Management, B cher und Inhaltskontrolle:

- berwachung und Management der Screenzeit der Kinder
- Pr fung und gegebenenfalls Blockieren unangemessener Inhalte
- Neuanschaffung von B chern entsprechend des Alters und der Interessen der Kinder
- Sortieren und Aussortieren von B chern entsprechend des Entwicklungsstandes der Kinder

9. Urlaubsplanung und -organisation:

- Planung von Urlaubszielen und Aktivit ten
- Buchung von Unterk nften und Reisevorbereitungen
- Aufgabenverteilung w hrend des Urlaubs
- Organisation der Betreuung der Kinder w hrend der Urlaubszeiten

10. Pers nliche Zeit und Selbstpflege:

- Zeit f r Hobbys oder pers nliche Interessen
- Me-Time f r Entspannung und Regeneration
- Pflege pers nlicher Beziehungen (Partner, Freunde)
- Planung und Organisation von Betreuung f r die Kinder w hrend pers nlicher Auszeiten

11. Paarzeit und Beziehungspflege:

- Organisation von Zeit f r Paaraktivit ten und gemeinsame Unternehmungen
- Planung von Date Nights oder gemeinsamen Erlebnissen
- Kommunikation und Zeit f r die Pflege der Paarbeziehung

Teil 3

Strategien zur Stressbewältigung

Modul 9

Strategien zur Stressbewältigung

Auf den folgenden Seiten dieses Buches wirst du erforschen, wie du achtsam mit den Stressoren in deinem Leben umgehen und wirksame Strategien zur Stressbew ltigung entwickeln kannst.

Stress ist ein allgegenw rtiger Begleiter in deinem hektischen Alltag. Er kann in vielen Formen auftreten: sei es der Druck in der Arbeit, die Verantwortung als Mutter, Beziehungsprobleme oder die unz hligen t glichen Anforderungen, die auf deinen Schultern lasten. Aber du bist nicht allein in dieser Herausforderung und es gibt Wege, wie du besser mit Stress umgehen und deine Lebensqualit t steigern kannst.

Fang damit an, die Hauptstressoren in deinem Leben zu identifizieren. In diesen Momenten der Selbsterkenntnis wirst du die Gelegenheit haben, die individuellen Herausforderungen festzuhalten, die dich belasten. Dann wirst du Wege erkunden, wie du diese Stressoren in den Griff bekommen und bew ltigen kannst.

Deine Reise f hrt dich durch verschiedene Stressbew ltigungsstrategien, die speziell auf deine Bed rfnisse zugeschnitten sind. Du kannst individuell entscheiden, welche am besten zu deiner Situation passen und wie du sie in deinen Alltag integrieren kannst. Denn du wirst feststellen, dass es zahlreiche M glichkeiten gibt, stressige Momente zu bew ltigen und deine innere Ruhe zu bewahren.

Ich freue mich, dich auf diesem Pfad der Selbstfürsorge und Achtsamkeit zu begleiten. Du bist stärker, als du denkst und gemeinsam werden wir Wege finden, wie du dein Leben gelassener und erfüllter gestalten kannst.

Schreibübung Nummer 17

Achtsamkeit und Stressbewältigung

Achtsamkeitspraxis: Setze dich in Ruhe hin und praktiziere einige Minuten Achtsamkeit. Achte auf deinen Atem und versuche, im gegenw rtigen Moment zu sein. Zum Beispiel: "Ich setze mich auf einen ruhigen

Platz, schließe meine Augen und atme tief ein und aus. Ich sp re, wie der Atem meinen K rper durchstr mt."

Stressoren identifizieren: Schreibe eine Liste der Hauptstressoren in deinem Alltag auf. Zum Beispiel: "Stressoren sind: Zeitdruck, Kinderbetreuung, Arbeit, Haushalt."

Stressbew ltigungsstrategien: Notiere verschiedene Stressbew ltigungsstrategien, die du anwenden k nntest. Zum Beispiel: "Ich kann Atem bungen machen, wenn ich mich gestresst f hle. Ich kann auch meinen Partner um Unterst tzung bitten, um Aufgaben zu teilen." Im folgenden Teil dieses Buches wirst du noch einige effektive bungen zur Stressbew ltigung kennenlernen.

T gliche Achtsamkeit: Integriere t glich kurze Achtsamkeits bungen in deinen Alltag. Zum Beispiel: "Jeden Morgen werde ich mir 10 Minuten Zeit nehmen, um achtsam zu atmen und den Tag bewusst zu beginnen. Dies wird mir helfen, den Stress besser zu bew ltigen."

Als Inspiration ist hier eine 10-Min tige Achtsamkeits bung f r dich. Du kannst dir einen Timer auf diese Zeit oder auch eine beliebige andere Zeit stellen. Dann kannst du kannst in die bung eintauchen und weißt, dass du sicher deinem Zeitplan bleibst.

Kleine Achtsamkeit

Setz dich an einen ruhigen Ort, an dem du nicht gest rt wirst. Schließe sanft die Augen und beginne, dich auf deinen Atem zu konzentrieren. Atme langsam und tief ein und aus. Sp re, wie sich dein Bauch hebt und senkt, w hrend du ein- und ausatmest. Lass deine Gedanken zur Ruhe kommen und konzentriere dich ganz auf diesen Atemrhythmus.

Nach einigen Atemz gen lenke deine Aufmerksamkeit auf deinen K rper. Sp re bewusst, wie du auf dem Stuhl sitzt oder auf dem Boden ruhst. Nimm wahr, wie sich dein K rper anf hlt, die Ber hrungspunkte mit dem Untergrund, die Position deiner Arme und Beine.

Konzentriere dich nun auf deine Sinne. ffne deine Aufmerksamkeit f r Ger usche um dich herum, sei es der Klang der Natur, der Verkehrsl rm oder andere Ger usche in deiner Umgebung. Nimm sie einfach wahr, ohne daran zu haften.

Nun lenke deine Achtsamkeit auf deine Gedanken. Lass sie kommen und gehen, wie Wolken am Himmel. Beobachte sie ohne Urteil, lass sie einfach passieren, w hrend du weiterhin bewusst atmest.

Kehre wieder zur ck zu deinem Atem. Sp re, wie er dich durch diesen Moment tr gt. Lass dich von seiner Beruhigung und Stabilit t f hren.

Bevor du deine Augen ffnest, nimm dir einen Moment, um zu sp ren, wie du dich nach dieser kurzen bung f hlst. Achte auf eventuelle Ver nderungen in deinem K rper, deiner Stimmung oder deinem Geist.

 ffne dann sanft die Augen und nimm die Umgebung um dich herum bewusst wahr. Sei achtsam, wie du diesen Moment in den kommenden Momenten weitertr gst.

Das Ziel dieser bung ist es, sich bewusst Zeit f r sich selbst zu nehmen, den Geist zu beruhigen und im Hier und Jetzt pr sent zu sein. Du kannst diese bung jederzeit wiederholen, um mehr Achtsamkeit in deinen Alltag zu integrieren.

Schreibübung Nummer 18

Ein Stressabbau-Brief an mich selbst

Diese bung ist eine einfache Methode, um Stress abzubauen und deine Gedanken zu ordnen, wenn du dich berw ltigt und gestresst f hlst. Sie kann dir helfen, deine Emotionen zu bew ltigen und Klarheit zu gewinnen.

Materialien: Ein Blatt Papier oder ein Notizbuch Stifte in verschiedenen Farben

Anleitung: Suche dir einen ruhigen Ort, an dem du dich entspannen und konzentrieren kannst. Du kannst dich hinsetzen oder hinlegen, je nachdem, was f r dich am bequemsten ist.

Nimm einen Stift und ein Blatt Papier oder ein digitales Tool zur Hand. Schreibe das Datum oben auf die Seite. Dies hilft dir, sp ter nachzuvollziehen, wie du dich gef hlt hast und welche Gedanken in diesem Moment in dir waren.

Beginne damit, deine aktuellen Gef hle auf das Papier zu bringen. Schreibe ohne Selbstzensur oder Urteile. Schreibe einfach auf, was dir durch den Kopf geht und wie sich dein K rper anf hlt.

Verwende dabei kurze S tze oder Stichpunkte, wenn dir das leichter f llt. Wenn du dich bereit f hlst, frage dich selbst: "Was sind die Hauptursachen f r meinen Stress im Moment?" Schreibe diese Ursachen auf.

Nachdem du die Hauptursachen notiert hast, versuche, L sungsans tze oder Bew ltigungsstrategien aufzuschreiben. Denke dar ber nach, was du tun kannst, um mit den Stressoren umzugehen. Schreibe deine Ideen auf, auch wenn sie zun chst unvollst ndig oder unrealistisch erscheinen.

Schließe den Brief an dich selbst mit einer positiven Nachricht oder Ermutigung. Du kannst dir selbst sagen, dass du stark bist, dass du diese Herausforderungen bew ltigen kannst oder dass es in Ordnung ist, um Hilfe zu bitten, wenn du sie brauchst.

Falls du m chtest, kannst du deine Gedanken und Gef hle mit verschiedenen Farben hervorheben oder mit Zeichnungen und Symbolen erg nzen, um deine Emotionen weiter auszudr cken.

Bewahre diesen Stressabbau-Brief an dich selbst an einem Ort auf, an dem du leicht darauf zugreifen kannst. Du kannst ihn immer wieder lesen, um dich daran zu erinnern, dass du die Kontrolle ber deine Reaktionen auf stressige Situationen hast.

Diese Schreib bung erm glicht es dir, deine Gef hle auszudr cken, Stressoren zu identifizieren und konstruktive L sungen zu finden, um mit stressigen Momenten umzugehen. Sie ist eine schnelle und effektive Methode, um deine Emotionen zu regulieren und Klarheit zu gewinnen, wenn du dich gestresst f hlst.

Schreibübung Nummer 19

Stressabbau durch positives Denken

Anleitung:

Gedanken bewusst machen:

Setze dich an einen ruhigen Ort und mache dir bewusst, welche Gedanken und Sorgen dich aktuell stressen. Zum Beispiel k nnten das sein: Arbeit, Kinderbetreuung, Hausarbeit, pers nliche Herausforderungen, etc.

Positiven Gegenpol finden:

W hle einen dieser stressigen Gedanken aus und formuliere eine positive Gegen berstellung dazu. Zum Beispiel, wenn du dich wegen der Hausarbeit gestresst f hlst, k nnte die positive Gegen berstellung lauten: "Ich kann die Hausarbeit bew ltigen, indem ich mir kleine Schritte setze und auch Hilfe von meinem Partner oder den Kindern annehme."

Schreibe nun diesen positiven Gedanken auf. Beschreibe ausf hrlich, wie du diesen Gedanken in die Tat umsetzen k nntest und welche Schritte du konkret unternehmen w rdest. Visualisierung: Schließe die Augen und visualisiere, wie du diese positiven Gedanken in die Tat umsetzt. Stelle dir vor, wie du ruhig und gelassen die Herausforderungen meisterst.

Affirmation:

Formuliere eine positive Affirmation basierend auf deinem positiven Gedanken. Zum Beispiel: "Ich bin in der Lage, meine Aufgaben zu bew ltigen und Stress abzubauen." T gliche Wiederholung: Nimm dir vor, diese positive Affirmation t glich zu wiederholen, um dich selbst daran zu erinnern, dass du stressige Situationen bew ltigen kannst.

Diese Schreib bung soll dir dabei helfen, negative Gedanken in positive umzuwandeln und konkrete Schritte zu entwickeln, um mit Stresssituationen besser umzugehen. Sie kann dazu beitragen, deine Stressreaktionen zu reduzieren und ein Gef hl der Selbstwirksamkeit zu f rdern.

Modul 10

Lachen und Kreativit t sind wertvolle Werkzeuge, um dem Stress ein Schnippchen zu schlagen.

Es ist so einfach, sich von den Sorgen des Alltags mitreißen zu lassen. Wir k mmern uns um die Familie, den Haushalt, die Arbeit – und manchmal vergessen wir uns selbst dabei. Doch das Lachen, die Freude und die Kreativit t sind wie belebende Wundermittel. Sie k nnen uns eine Pause von der Hektik g nnen und uns daran erinnern, dass das Leben auch aus sch nen, fr hlichen und humorvollen Momenten besteht.

Kreatives Schreiben ist eine großartige Möglichkeit, Stress abzubauen und sich selbst auf spielerische Weise besser kennenzulernen. Wenn du in die Welt der Worte eintauchst und deine Gedanken und Gefühle auf das Papier bringst, geschieht etwas Magisches. Du erkundest dein Inneres, ohne dich dabei ernsthaft zu nehmen. Und es geht nicht darum, ein professioneller Schriftsteller zu sein - es geht um den Spaß am Ausdruck.

Deshalb habe ich dir hier einige lustige, kreative Schreib bungen zusammengestellt, bei denen du lachen und dich entspannen kannst. Manche bungen kannst du auch mit anderen gemeinsam machen, Kinder haben besonders viel Spaß an verr ckten Geschichten.

Schreibübung Nummer 20

Meine Wunschliste für einen Tag

Fantasie aktivieren:

Setze dich an einen gem tlichen Ort und schließe die Augen. Stelle dir vor, du h ttest einen Zauberstab und k nntest f r einen einzigen Tag alles haben, was du dir w nschst, um stressfrei und gl cklich zu sein.

Kreative W nsche: Schreibe eine Liste von lustigen und absurden Dingen auf, die du dir f r diesen magischen Tag w nschen w rdest. Zum Beispiel: "Eine Armee von putzenden Robotern, die mein Haus blitzsauber machen", "Unendliche Schokolade ohne Kalorien", "Ein magisches Schweigen, sobald ich Ruhe brauche" oder "Die F higkeit, mich selbst zu klonen, um alles zu erledigen."

Beschreibende Details: F r jeden Wunsch auf deiner Liste, schreibe einige humorvolle und detaillierte Beschreibungen, wie sich das Szenario abspielen w rde. Lass deiner Fantasie freien Lauf und denke an skurrile Details.

Teilen und Lachen: Teile deine Wunschliste mit einer Freundin oder einer anderen Mutter, die ebenfalls einen Lacher gebrauchen kann. Lest eure Listen gemeinsam und genießt die humorvollen Vorstellungen.

Abschalten: Zum Abschluss der bung, nimm dir einen Moment, um zu lachen und den Stress des Alltags loszulassen. Manchmal hilft es, sich vorzustellen, wie absurd und witzig das Leben sein kann.

Diese humorvolle Schreib bung soll dazu dienen, den stressigen Alltag auf spielerische Weise zu entfliehen und gemeinsam zu lachen. Lachen ist eine großartige M glichkeit, Stress abzubauen und die Stimmung zu heben.

Schreibübung Nummer 21

Die "Absurde Geschichte" Challenge

Setze dich an deinen Schreibtisch oder an einen ruhigen Ort mit deinem Tagebuch oder deinem Computer.

Stelle dir vor, du w rst der Hauptcharakter in einer v llig absurden Geschichte. Diese Geschichte kann so verr ckt und lustig sein, wie du m chtest.

Beginne damit, die Handlung der Geschichte aufzuschreiben. Lass deiner Fantasie freien Lauf, denke an skurrile Orte, Charaktere und seltsame Ereignisse.

Versuche, mindestens eine Seite deines Tagebuchs oder einen Abschnitt in deinem Textdokument mit dieser abstrusen Geschichte zu f llen.

Lies deine Geschichte anschließend noch einmal durch und lache ber die Absurdit t deiner eigenen Kreation.

Du kannst diese bung alleine machen, aber es kann noch lustiger sein, sie mit Freunden oder der Familie zu teilen. Jeder von euch kann seine eigene absurde Geschichte schreiben und dann vorlesen.

Diese bung wird nicht nur deinen Stress abbauen, sondern auch deine Kreativit t anregen und dir eine willkommene Ablenkung von den t glichen Sorgen bieten. Und wer weiß, vielleicht entdeckst du ein verborgenes Talent f r absurdes Schreiben!

Ein Beispiel für eine absurde Geschichte

Es war ein ganz normaler Morgen, als ich aufwachte und feststellte, dass mein Schlafzimmer

sich in einen riesigen Muffin verwandelt hatte. Die Wände bestanden aus weichem, schokoladenbraunem Teig und der Boden war mit cremigem Vanille-Frosting bedeckt.

Verblüfft stellte ich fest, dass ich selbst ein Miniaturmensch geworden war, der auf einer Himbeere in der Mitte des Muffins stand. Doch das war noch nicht alles.

Ich hörte ein Flüstern und drehte mich um, um herauszufinden, dass die Muffin-Menschen, die aus den Wänden starrten, lebendig waren. Sie tanzten im Takt einer unsichtbaren Melodie und sangen Lobeshymnen auf Schokolade und Vanille.

Als ich mich langsam durch den Teig bewegte, entdeckte ich eine Schokoladentür, die in die verbotene Schokoladenfabrik des Muffin-Menschenreiches führte. Ich konnte nicht widerstehen und öffnete sie, um in ein Schlaraffenland aus fließender Schokolade und lila Zuckerwatte einzutreten.

Die Muffin-Menschen erklärten mir, dass sie mich schon immer erwartet hatten, denn ich war der Auserwählte, der die Muffin-Menschen vor dem gefürchteten Kuchenmonster retten sollte. Dieses Monster war ein gigantischer Pfannkuchen, der durch die Dessertwelt zog und alles verschlang, was ihm in den Weg kam.

Bewaffnet mit einem Löffel und einem Spritzbeutel voller Sahne machte ich mich auf den Weg, um das Kuchenmonster zu besiegen. Es entbrannte eine epische Schlacht, bei der Sahne und Schokolade flogen. Schließlich gelang es mir, das Monster mit einer riesigen Zuckergusslawine zu ersticken.

Die Muffin-Menschen jubelten und feierten meine Heldentat. Als Dank für meine Tapferkeit verwandelte sich mein muffinartiges Schlafzimmer wieder in ein gewöhnliches Zimmer, und ich erwachte in meinem normalen Körper.

Und so ging ich an diesem Morgen nicht nur mit einer absurden Geschichte, sondern auch mit einem Lächeln im Gesicht in den Tag.

Jetzt bist du an der Reihe! Lass deiner Fantasie freien Lauf und schreibe deine eigene absurde Geschichte. Je verr ckter, desto besser!

Schreibübung Nummer 22

Die "Fremdworterklärung" Challenge

Wortauswahl: Suche ein zuf lliges oder ungew hnliches Fremdwort aus. Du kannst dazu ein Online-W rterbuch oder eine Fremdwort-App verwenden. W hle ein Wort, das dir unbekannt ist und dessen Bedeutung dir r tselhaft erscheint.

Los geht's: Schreibe das ausgew hlte Fremdwort in großen Buchstaben oben auf eine leere Seite in deinem Tagebuch oder in ein Textdokument.

Kreative Erkl rung: Jetzt kommt der lustige Teil. Versuche, das Wort so humorvoll und absurd wie m glich zu erkl ren, ohne auf die tats chliche Bedeutung zur ckzugreifen. Lass deiner Fantasie freien Lauf und denke an skurrile Definitionen und Beispiele.

Geschichten erz hlen: Du kannst deiner Erkl rung eine kleine Geschichte hinzuf gen, in der das Wort eine wichtige Rolle spielt. Denk daran, es gibt keine richtigen oder falschen Antworten. Das Ziel ist, kreativ und humorvoll zu sein.

Vergleiche: Wenn du mit deiner humorvollen Erkl rung fertig bist, schreibe das tats chliche Wort und die richtige Bedeutung daneben. Vergleiche dann deine absurde Interpretation mit der realen Definition.

Teilen und Lachen: Du kannst diese bung alleine machen, aber es kann noch lustiger sein, sie mit Freunden oder Familie zu teilen. Lest eure humorvollen Erkl rungen vor und lacht ber die skurrilen Ideen.

Diese Schreib bung soll dazu dienen, deine Kreativit t anzuregen und dir eine humorvolle Auszeit vom Alltag zu verschaffen. Genieße es, abwegige Erkl rungen zu erfinden und ber die absurden Interpretationen zu schmunzeln.

Schreibübung Nummer 23

Der Perspektivwechsel

Themenwahl: W hle ein allt gliches Szenario, eine Situation oder ein Objekt aus. Zum Beispiel k nnte es eine Tasse Kaffee, eine Unterhaltung im Wartezimmer oder ein Spaziergang im Park sein.

Deine Perspektive: Beschreibe die gew hlte Situation oder das gew hlte Objekt aus deiner eigenen Sicht. Schreibe auf, was du siehst, h rst, riechst und f hlst, w hrend du dich in dieser Szene befindest.

Perspektivwechsel: Nun kommt der humorvolle Teil. Stell dir vor, du wechselst pl tzlich die Perspektive. Das bedeutet, du wirst zu einem anderen Gegenstand oder Lebewesen in der Szene. Das kann alles sein, von einer Tasse Kaffee bis zu einem Eichh rnchen im Park.

Fremde Sichtweise: Beschreibe nun die Szene aus der Perspektive dieses anderen Objekts oder Lebewesens. Was w rde das "neue du" sehen, h ren, riechen und f hlen? Welche Gedanken k nnten in diesem Objekt oder Lebewesen vorgehen?

Vergleiche und Kontraste: Nachdem du beide Perspektiven beschrieben hast, vergleiche sie. Betone die Unterschiede zwischen deiner eigenen Sicht und der des anderen. Was f llt dir auf? Gibt es humorvolle Kontraste oder berraschende Gemeinsamkeiten?

Reflexion: Schließe die bung mit einer Reflexion ab. Wie hat der Perspektivwechsel deine Wahrnehmung der Situation ver ndert? Was hast du aus dieser lustigen bung gelernt?

Diese Schreib bung erm glicht dir, die Welt aus verschiedenen Blickwinkeln zu betrachten und f rdert deine Kreativit t. Sie kann oft berraschende und humorvolle Ergebnisse hervorbringen und ist eine großartige M glichkeit, deinen Geist zu ffnen und neue Perspektiven zu entdecken. Viel Spaß beim Schreiben!

Nataschas Perspektivwechsel - ein Beispiel

Morgens sitze ich mal wieder im Auto und starre auf die Blechlawine vor mir. Der Verkehr steht still und mein Geduldsfaden wird immer dünner. Ein langer, stressiger Arbeitstag steht bevor und James Taylor singt im Radio ironischerweise "Traffic Jam". Wie passend, denke ich und seufze.

Aber dann passiert etwas Unerwartetes: Ich beschließe, die Perspektive zu wechseln. Ich stelle mir vor, ich sei eine Eintagsfliege, die in diesem Verkehrsstau gelandet ist. Die riesigen Autos erscheinen aus meiner winzigen Fliegenperspektive wie riesige Wände und die Abgase sind ein nebliger Ozean.

Doch plötzlich entdecke ich ein helles, einladendes Licht und fliege darauf zu. Sofort finde ich mich in einer atemberaubenden, farbenfrohen

Landschaft wieder. Blumen tanzen im Wind und die Welt um mich herum ist lebendig und voller Freude. Ich summe vor Glück und lasse mich von einer sanften Brise davontragen. Hier, mitten im Verkehrsstau, lebe ich den Moment in seiner ganzen Pracht.

Während die Menschen in ihren Autos gefangen sind, genieße ich die Freiheit, die dieser unerwartete Perspektivwechsel mir geschenkt hat. Ich denke nicht an die Arbeit oder den Stress des Alltags - ich lebe einfach in diesem Moment und lasse mich von seiner Schönheit und seinen Überraschungen verzaubern.

Diese humorvolle Geschichte erinnert mich daran, wie wichtig es ist, die Welt um uns herum aus verschiedenen Blickwinkeln zu betrachten. Manchmal sollten wir innehalten und das Alltägliche in einem neuen Licht sehen, um die Schönheit, Freiheit und die unerwarteten Überraschungen des Lebens zu schätzen.

Teil 4

Schreiben in schwierigen Situationen

Modul 11

Schreibübung Nummer 24

Deine innere Kriegerin

Du hast eine harte Nacht hinter dir, in der du dich um deine kranken Kinder gek mmert hast. Du warst diejenige, die aufgestanden ist, wenn sie dich gebraucht haben, die Fieber gemessen und Tr nen getrocknet hat. Du bist stark, st rker, als du vielleicht denkst. Inmitten dieser Ersch pfung und den Herausforderungen, die du bew ltigst, m chte ich dich daran erinnern, dass du eine Kriegerin in dir tr gst. Du besitzt eine innere St rke, die dich bef higt, die schwierigsten Momente zu meistern. Diese St rke zeigt sich in deiner Geduld, deinem Mitgef hl und deiner bedingungslosen Liebe zu deinen Kindern.

In deinen Armen finden sie Trost, in deinem L cheln Hoffnung und in deinem Herzen Liebe. Du bist die Kriegerin, die f r ihre Familie k mpft, Tag und Nacht.

Ein Brief an meine innere Kriegerin

Diese bung habe ich speziell f r m de M tter konzipiert, die gerade eine anstrengende Nacht mit kranken Kindern hinter sich haben. Sie soll dir helfen, innere St rke und Mut zu sch pfen, um mit den Herausforderungen des Tages umzugehen.

Anleitung:

Suche dir einen ruhigen und gem tlichen Ort, an dem du dich entspannen kannst. Vielleicht ist das ein Sofa, ein Sessel oder sogar dein Bett. Setze dich bequem hin und atme einige Male tief ein und aus, um dich zu zentrieren. Nimm das Blatt Papier oder dein Notizbuch und einen Stift zur Hand. Schreibe oben auf die Seite: "Ein Brief an meine innere Kriegerin". Beginne den Brief, indem du dir selbst Mut zusprichst. Schreibe, wie stolz du auf dich selbst bist, dass du trotz der M digkeit und der Herausforderungen der Nacht durchgehalten hast. Beschreibe die St rken und Qualit ten, die du in dir siehst und die dir helfen, in schwierigen Momenten stark zu bleiben. Zum Beispiel k nnten das Geduld, Mitgef hl, Ausdauer oder Liebe sein. Schreibe dar ber, wie du die Situation mit deinen kranken Kindern meisterst und wie wichtig deine

F rsorge und Liebe f r sie ist.

Denke dar ber nach, wie du dir heute selbst Gutes tun kannst. Welche kleinen Momente der Selbstf rsorge kannst du in den Tag einbauen?

Schließe den Brief, indem du dir selbst versprichst, dass du die kommenden Herausforderungen mit deiner inneren Kriegerin meistern wirst.

Dieser Brief ist eine liebevolle Erinnerung an deine innere St rke und eine Quelle der Inspiration, wenn du dich m de und ersch pft f hlst. Erinnere dich daran, dass du eine Kriegerin der Liebe und F rsorge bist und dass du alles schaffen kannst, was der Tag dir bringt.

Ein Brief von Susanna an ihre innere Kriegerin – ein Beispiel

Liebe innere Kriegerin,

ich wende mich heute an dich, um dir für all die Stärke und Entschlossenheit zu danken, die du mir im Laufe meines Lebens geschenkt hast. Du und ich, wir haben gemeinsam so viele Herausforderungen gemeistert und du warst immer an meiner Seite, um mich voranzubringen.

In den schwersten Momenten meines Lebens warst du diejenige, die mich nicht aufgegeben hat. Du hast dafür gesorgt, dass ich mich immer wieder aufgerappelt und weitergekämpft habe. Zum Beispiel, als die Beziehung mit Pascal so schrecklich endete. Deine Entschlossenheit und Ausdauer sind bewundernswert, auch nach vielen dunklen Stunden.

Ich denke an all die Male, in denen wir Hindernisse überwunden haben, sei es in der Arbeit, in meinen Beziehungen oder in persönlichen Herausforderungen. Du hast niemals aufgegeben und das hat mich zu der Person gemacht, die ich heute bin. Ich bin stark und komme allein zurecht. Ohne Pascal, ohne Micha und schon drei Mal ohne Christian.

Du erinnerst mich daran, wie stark ich wirklich bin. Ich trage die Stärke einer Kriegerin in mir und diese Stärke wird mich durch alle kommenden Herausforderungen führen. Lass niemals zu, dass Selbstzweifel oder Unsicherheit meine Entschlossenheit trüben.

Ich versuche mich selbst zu schätzen und zu lieben. Ich verdiene Glück, Frieden und Erfüllung in meinem Leben. Heute g nne ich mir etwas. Eine Tasse Tee, ein gutes Buch und ein wenig Zeit für mich selbst. Und vielleicht noch den Pulli bei Zalando.

Lass mich für mich selbst einstehen, so wie du es immer getan hast. Ich habe bereits so viel erreicht und ich glaube fest daran, dass ich alles schaffen kann, was ich mir vornehme. Ich bin alleinerziehend und trotzdem Teamleiterin in einer Werbeagentur, wer schafft das schon?

Lass mich feiern, wer ich bin und mich stolz auf meine Erfolge sein. Und wenn ich über Fehler stolpere, lache ich einfach darüber und lerne daraus.

Mit großer Bewunderung und Liebe für meine innere Kriegerin,

Susanna

Modul 12

Streit mit deinem Kind

Streit mit deinem eigenen Kind kann aufreibend und verletzend sein und oft f hlt es sich an, wie ein emotionaler Sturm, in dem du gefangen bist. In solchen Momenten ist es schwer, die ruhige, erwachsene Fassade zu wahren und p dagogisch wertvolle Strategien anzuwenden. Als Mutter weiß ich nur allzu gut, dass es Momente gibt, in denen die Geduld schwindet und die Emotionen berhandnehmen.

In diesem Modul m chte ich dir helfen, Wege zu finden, wie du nach einem Streit mit deinem Kind wieder zur Ruhe kommen kannst. Du wirst erkunden, wie du Selbstmitgef hl entwickeln und deine Beziehung zu deinem Kind st rken kannst.

Streit ist ein Teil des Lebens. Als Partner, als Eltern, als Schwester, als Freundin – wir alle erleben ihn. Aber Streit ist auch immer eine Gelegenheit, unsere Beziehungen zu anderen Menschen zu vertiefen und zu lernen, wie wir uns selbst – und vor allem unsere Kleinen – in schwierigen Momenten tr sten k nnen.

Schreibübung Nummer 25

Selbsttröstung und Neuausrichtung nach einem Streit mit deinem Kind

Anleitung:

Zeit f r dich nehmen: Suche einen ruhigen, ungest rten Ort, an dem du dich entspannen kannst. Nimm dir Zeit, um zur Ruhe zu kommen.

Bewusstwerden deiner Gef hle: Reflektiere den Streit mit deinem Kind und erkenne die Gef hle, die dich traurig und verletzt gemacht haben. Es ist wichtig, diese Gef hle anzuerkennen und zuzulassen.

Betrachte den Streit aus Kindersicht: Versuche, die Situation aus den Augen deines Kindes zu sehen. Denke daran, wie es sich gef hlt haben k nnte. Dies kann dir helfen, Verst ndnis zu entwickeln.

Brief an dich selbst: Schreibe einen Brief an dich selbst, indem du deine Gef hle und Gedanken nach dem Streit ausdr ckst. Lass deine Emotionen frei fließen und sei ehrlich zu dir selbst. Schreibe ber deine Entt uschung, deine Traurigkeit und deine Sorgen.

Selbstmitgef hl entwickeln: Erinnere dich daran, dass wir alle Fehler machen und dass Konflikte in Beziehungen normal sind, insbesondere zwischen Eltern und Kindern. Schreibe dir selbst eine Botschaft des Mitgef hls und der Selbstakzeptanz. Zum Beispiel: "Es ist okay, Fehler zu machen. Ich bin eine liebevolle Mutter, die ihr Bestes gibt."

Positive Erinnerungen: Schreibe einige positive Erinnerungen oder Momente auf, in denen du und dein Kind eine gute Verbindung hattet. Denke an die Liebe und die Bindung, die zwischen euch besteht.

Neuausrichtung: berlege, wie du die Situation in Zukunft anders angehen kannst, um Konflikte zu vermeiden oder konstruktiver damit umzugehen. Schreibe konkrete Schritte auf, die du unternehmen kannst, um deine Beziehung zu deinem Kind zu st rken.

Affirmationen: Formuliere positive Affirmationen, die dir helfen, dich selbst zu st rken und deine Selbstzweifel zu berwinden. Zum Beispiel: "Ich bin eine liebevolle Mutter, und ich kann aus Konflikten lernen, um eine bessere Beziehung zu meinem Kind aufzubauen."

Zukunftsvision: Schließe deinen Brief an dich selbst mit einer Vision f r die Zukunft ab. Stelle dir vor, wie du und dein Kind in Harmonie zusammenleben und positive Momente teilen.

Selbstf rsorge: Denke dar ber nach, wie du dich in diesem Moment selbst tr sten kannst. Ob das eine Tasse Tee, eine beruhigende Meditation oder ein Spaziergang in der Natur ist, tue etwas, das dir guttut.

Diese Schreib bung soll dir helfen, Trost zu finden und neue Kraft zu sch pfen, nachdem du einen Streit mit deinem Kind hattest. Sie ermutigt dich, deine Gef hle anzuerkennen, Selbstmitgef hl zu entwickeln und positiv in die Zukunft zu blicken, um eine starke und liebevolle Beziehung zu deinem Kind aufzubauen.

Der Anfang eines Briefes von Johanna – ein Beispiel

Heute hatte ich einen dieser Momente, die ich wirklich nicht mehr erleben wollte. Ein heftiger Streit mit Max. Diese Situation hat mich so mitgenommen, dass ich mich erst einmal hier hinsetze, um alles zu verarbeiten.

Der Streit begann, als Max nach der Schule nach Hause kam. Ich konnte sofort spüren, dass irgendetwas nicht stimmte. Es war so ein kleiner Funke, der zu einem großen Streit führte. Ich war irritiert und konnte nicht verstehen, warum er so wütend war. Ich wurde auch wütend und wir gerieten in einen Kreislauf aus lauten Worten und Tränen.

Die ganze Situation hat mich so frustriert und ich wünschte, ich hätte es besser gemacht.

Während ich das hier schreibe, versuche ich wirklich, mich Max´ Lage zu versetzen. Ich frage mich, wie er sich gefühlt hat und wie ich besser hätte reagieren können. Vielleicht hatte er einen schlechten Tag, den er nicht teilen wollte. Vielleicht war er müde oder hungrig. Was auch immer es war, ich wäre gerne geduldiger und verständnisvoller gewesen ...

Modul 13

Du bist einzigartig!

Es kann hart und belastend sein, sich selbst mit anderen zu vergleichen. Als M tter tun wir dies oft, manchmal ohne es zu merken. Du siehst andere M tter und denkst, sie haben alles unter Kontrolle, w hrend du mit deinen eigenen Unsicherheiten und Herausforderungen k mpfst.

Vielleicht hast du eine Freundin, die scheinbar m helos eine perfekte Balance zwischen Arbeit und Familie findet, oder du h rst Geschichten von beruflich erfolgreichen Kolleginnen, die gleichzeitig fantastische M tter zu sein scheinen. Diese Vergleiche k nnen zu einem Gef hl der Unzul nglichkeit f hren und deine eigenen F higkeiten und Leistungen in Frage stellen.

Ich möchte dich daran erinnern, dass jeder seinen eigenen einzigartigen Weg geht. Wir alle haben unterschiedliche Stärken, Schwächen und Lebensumstände. Das, was von außen als "perfekt" oder "erfolgreich" erscheint, ist oft nur ein kleiner Ausschnitt aus dem Leben eines Menschen. Niemand hat alles perfekt im Griff und jeder kämpft auf seine Weise mit Herausforderungen. Und oft haben die scheinbar perfekten Dinge dann doch nur eine schöne Fassade.

Der Schl ssel liegt darin, dich selbst anzunehmen und zu sch tzen, wie du bist. Du bist einzigartig und wertvoll, und zwar genauso, wie du bist. Deine Reise als

Mutter und Frau ist einzigartig und du kannst dich nicht mit anderen vergleichen, weil du ihre Geschichte nicht erlebt hast und ihre K mpfe nicht kennst.

Anstatt dich selbst mit anderen zu vergleichen, konzentriere dich auf deine eigenen Ziele, Werte und Priorit ten. Akzeptiere und sch tze deine eigenen F higkeiten und Erfolge, sie sind deine einzigartigen Errungenschaften. Sei sanft zu dir selbst und wenn du dich doch beim Vergleichen erwischst, erinnere dich daran, dass du auf deinem eigenen Weg voranschreitest.

Du kannst sogar noch einen Schritt weitergehen und auch anderen Frauen aktiv Unterst tzung und Empathie entgegenbringen. Indem wir uns gegenseitig ermutigen, unterst tzen und ehrlich zueinander sind, k nnen wir eine starke Gemeinschaft aufbauen, die unsere individuellen Unterschiede sch tzt.

Du bist wertvoll und auf deine eigene Art und Weise perfekt. Vergiss nie, dass du auf diesem Weg nicht allein bist und dass wir alle unsere Herausforderungen und Siege teilen.

Schreibübung Nummer 26

Ich feiere meine Einzigartigkeit und löse mich von Vergleichen!

Anleitung:

Herz ffnung: Setze dich an einen ruhigen Ort und nimm dir Zeit f r dich selbst. Schließe die Augen und atme einige Male tief ein und aus, um dich zu entspannen.

Selbstreflexion: Denke dar ber nach, warum du dich mit anderen M ttern vergleichst und wie das deine Gef hle beeinflusst. Erkenne an, dass Vergleiche oft zu Selbstzweifeln und Unzufriedenheit f hren k nnen.

Positivliste: Schreibe eine Liste von positiven Eigenschaften und Qualit ten auf, die dich als Mutter ausmachen. Betone dabei, was dich einzigartig und besonders macht. Zum Beispiel k nnten das sein: "Meine bedingungslose Liebe f r meine Kinder.", "Mein Sinn f r Humor, der f r fr hliche Momente sorgt." oder "Meine F higkeit, Empathie zu zeigen und zuzuh ren."

Pers nliche Erfolge: Notiere deine pers nlichen Erfolge als Frau und Mutter. Das k nnen kleine Alltagssiege oder große Meilensteine sein, die du alleine oder mit deinen Kindern erreicht hast.

Komplimente sammeln: Schreibe eine Liste von Komplimenten und positivem Feedback, das du von Freunden, deinem Partner, deinen Kindern oder anderen M ttern erhalten hast. Erinnere dich daran, dass andere deine St rken sehen.

Selbstliebe-Brief: Schreibe einen liebevollen Brief an dich selbst. Sprich dich selbst an und erinnere dich daran, dass du als Mutter einzigartig und wertvoll bist. Betone deine Qualit ten und Erfolge.

Visualisierung: Schließe deine Augen und visualisiere eine Version von dir selbst, die selbstbewusst und voller Selbstliebe ist. Sieh dich dabei, wie du stolz und ohne Vergleiche durch den Alltag als Mutter gehst.

T gliche Selbstliebe: Nimm dir vor, dich selbst t glich mit einer positiven Affirmation zu st rken, die deine Einzigartigkeit betont. Zum Beispiel: "Ich bin eine liebevolle und empathische Mutter, das macht mich besonders wertvoll f r meine Kinder."

Teilen und Unterst tzen: Teile deine Erfahrungen und Erkenntnisse mit anderen M ttern. Ermutige sie dazu, ihre Einzigartigkeit zu erkennen und zu sch tzen.

Diese liebevolle Schreib bung soll dir helfen, dich von Vergleichen mit anderen M ttern zu l sen und deine eigene Einzigartigkeit zu feiern.

Manchmal ist es anfangs gar nicht so leicht, eigene positive Eigenschaften und Erfolge aufzuz hlen. Interessanterweise werden es dann oft doch mehr, als man erwartet h tte.

Als Inspiration ist hier eine Liste mit einigen der unzähligen positiven Eigenschaften und Erfolge, die möglich sind.

Familie:

Liebevoll: Ich zeige meine Liebe und F rsorge f r meine Familie in all meinen Handlungen.

Geduldig: Selbst in stressigen Momenten finde ich Geduld, um auf die Bed rfnisse meiner Kinder und meines Partners einzugehen.

Organisiert: Ich sorge f r einen strukturierten Tagesablauf, der das Familienleben erleichtert.

Kreativ: Ich schaffe innovative und unterhaltsame Aktivit ten f r meine Kinder.

F rsorglich: Die Gesundheit und das Wohlbefinden meiner Familie sind mir besonders wichtig.

Empathisch: Ich habe ein offenes Ohr f r die Gef hle und Anliegen meiner Liebsten.

Sch pferisch: Ich dekoriere das Zuhause mit Liebe und pers nlichem Geschmack.

Bildungsf rdernd: Ich unterst tze die schulische und pers nliche Entwicklung meiner Kinder.

Zeitmanagement: Ich finde stets Zeit f r gemeinsame Familienaktivit ten.

Partnerschaft:

Liebevoll: Die Beziehung zu meinem Partner ist voller Zuneigung und Wertsch tzung.

Kommunikativ: Wir k nnen offen und ehrlich miteinander sprechen.

Romantisch: Romantische Gesten und berraschungen sorgen f r eine gl ckliche Partnerschaft.

Respektvoll: Wir respektieren und unterst tzen einander in allen Lebenslagen.

Kompromissbereit: Ich bin bereit, auf meinen Partner einzugehen und gemeinsame L sungen zu finden.

Verst ndnisvoll: Ich kann mich in die Bed rfnisse und Gef hle meines Partners einf hlen.

Hobby:

Leidenschaftlich: Ich verfolge meine Hobbys und Interessen mit Begeisterung.

Kreativ: Meine kreativen Hobbys bringen Freude und Entspannung in mein Leben.

Ausgleich: Mein Hobby dient als Ausgleich zum Alltagsstress.

Zielorientiert: Ich setze mir Ziele und verfolge diese mit Hingabe.

Arbeit:

Engagiert: Ich engagiere mich in meiner beruflichen Karriere und setze mich f r meine Ziele ein.

Zuverl ssig: Kollegen und Vorgesetzte k nnen sich auf mich verlassen.

Teamf hig: Ich arbeite gut im Team und bringe meine Kollegen zum Strahlen.

Selbst ndig: Ich bernehme Verantwortung und arbeite eigenst ndig an Projekten.

Kreativ: Ich finde innovative L sungen f r berufliche Herausforderungen.

Freundschaft:

Loyal: Ich bin eine loyale und verl ssliche Freundin.

Unterst tzend: In schwierigen Zeiten stehe ich meinen Freunden bei.

Gesellig: Ich organisiere gesellige Treffen und sorge f r Spaß und Freude.

Eltern:

Anerkennung: Ich sch tze den Einfluss und die Unterst tzung meiner Eltern in meinem Leben.

Dankbarkeit: Ich bin meinen Eltern dankbar f r die Werte und Weisheit, die sie mir vermittelt haben.

Modul 14

Einsamkeit

Es gibt Momente in unserem Alltag, in denen wir uns allein und isoliert f hlen, selbst, wenn wir von unseren Lieben umgeben sind. Das Jonglieren mit den Anforderungen der Mutterschaft, des Berufs und des Alltags kann dazu f hren, dass wir uns manchmal von der Welt entfremden. Der Mangel an sozialer Interaktion, der oft mit der Mutterschaft einhergeht, kann uns das Gef hl von Einsamkeit und Isolation geben.

Aber ich möchte dir zeigen, dass du nicht allein bist. Du hast ein Netzwerk von Menschen, die dich unterstützen und verstehen können in Reichweite. Dies ist der Moment, um deine soziale Unterstützung zu erforschen und zu nutzen, um der sozialen Isolation entgegenzuwirken.

Die Schreib bung, die wir heute gemeinsam durchf hren werden, ist ein erster Schritt auf diesem Weg. Sie hilft dir dabei, deine sozialen Verbindungen zu erkunden, Bed rfnisse zu identifizieren und konkrete Schritte zu planen, um diese Verbindungen zu pflegen. Das Schreiben wird dir helfen, dich zu ffnen, deine Gef hle auszudr cken und auf soziale Interaktionen zuzugehen.

Zwischenmenschliche Beziehungen - ein wissenschaftlich belegter Glücksfaktor

Die Langzeitstudie der Harvard-Universit t, die ber 80 Jahre lief, zeigt, dass enge soziale Beziehungen einen entscheidenden Einfluss auf ein langes und gl ckliches Leben haben. ber die Jahre beobachteten Forscher die Gesundheit und das Leben der Teilnehmer und es wurde festgestellt, dass gute Beziehungen einen st rkeren Einfluss auf die Lebensqualit t haben als Geld, Ruhm oder soziale Schicht. Gl ckliche Beziehungen wirken sich positiv auf die k rperliche und geistige Gesundheit aus. Die Anzahl der Beziehungen ist weniger wichtig als die Zufriedenstellung der individuellen sozialen Bed rfnisse. Diese F higkeit kann erlernt und trainiert werden, unabh ngig davon, ob es sich um romantische Beziehungen, Freundschaften, Verwandte oder Bekannte handelt. Die Pflege von Beziehungen ist eine Form der Selbstf rsorge, die sich positiv auf die Gesundheit auswirkt. Introvertierte und extrovertierte Menschen k nnen gleichermaßen von guten Beziehungen profitieren, solange ihre Bed rfnisse erf llt werden.

Das bedeutet, dass eine relativ introvertierte Person mit bereits zwei guten Freunden sehr gl cklich sein kann, w hrend eine eher extrovertierte Person mehr Kontakte braucht, um ihre sozialen Bed rfnisse zu erf llen. Es gibt keinen Richtwert, das Erforschen deiner eigenen sozialen Bed rfnisse ist der Schl ssel zum Gl ck.

Quelle: https://www.mckinsey.com/featured-insights/mckinsey-on-books/author-talks-the-worlds-longest-study-of-adult-development-finds-the-key-to-happy-living

Schreibübung Nummer 27

Erforsche deine soziale Unterstützung

Anleitung:

Erstelle eine Liste: Setze dich an einen ruhigen Ort, an dem du ungest rt schreiben kannst. Schreibe eine Liste von Menschen, die in deinem Leben eine Rolle spielen und soziale Unterst tzung bieten k nnen. Dies k nnten Freunde, Familienmitglieder, Nachbarn oder Kollegen sein.

Verbindungen bewerten: F ge Notizen neben den Namen hinzu, die beschreiben, in welcher Weise du dich mit diesen Personen verbunden f hlst. Denke dar ber nach, wie eng die Beziehung ist und wie oft du Zeit mit ihnen verbringst oder verbringen willst.

Bed rfnisse erkennen: Reflektiere ber deine aktuellen Bed rfnisse in Bezug auf soziale Interaktion. M chtest du jemanden zum

Reden, um Rat fragen oder einfach nur Zeit mit jemandem verbringen? Schreibe deine Bed rfnisse auf.

Kontakt aufnehmen: Betrachte die Liste und berlege, mit welchen Personen du Kontakt aufnehmen k nntest, um deine sozialen Bed rfnisse zu erf llen. Markiere die Namen, die am besten zu deinen aktuellen Bed rfnissen passen.

Plan erstellen: Schreibe eine kurze Liste von konkreten Schritten, die du unternehmen kannst, um mit diesen Personen in Kontakt zu treten. Zum Beispiel k nntest du anrufen, eine Nachricht senden oder ein Treffen vorschlagen.

Umsetzung: Setze den Plan in die Tat um und nimm Kontakt zu den ausgew hlten Personen auf. Teile ihnen mit, was du gerade brauchst, sei es ein offenes Ohr, eine Unternehmung oder Hilfe in einer bestimmten Angelegenheit.

Reflexion: Schreibe nach den Interaktionen, wie es dir damit ergangen ist. Hast du das bekommen, was du gesucht hast? Wie hat es sich angef hlt, mit diesen Menschen Zeit zu verbringen?

Diese Schreib bung soll dir helfen, deine soziale Unterst tzung zu erkunden und aktiv zu nutzen, um deine sozialen Bed rfnisse zu erf llen. So kannst du auf effektive Weise soziale Isolation bew ltigen und deine sozialen Verbindungen st rken.

Reflexion zu dieser bung

Nachdem du diese bung durchgef hrt hast, lohnt es sich, einen Moment zu nehmen, um dar ber nachzudenken, wer dich in deinem Leben unterst tzt und dir in schwierigen Zeiten zur Seite steht. Deine Beziehungen zu anderen k nnen einen erheblichen Einfluss auf dein Wohlbefinden haben. berlege, wer in deinem Umfeld aufrichtiges Interesse an deinem Leben zeigt und bereit ist, dir zuzuh ren, wenn du dich ffnen m chtest.

Denke ber diejenigen nach, die sich nur melden, wenn sie etwas von dir wollen und frage dich, ob solche Beziehungen ausgeglichen sind und dir positive Energie geben. Priorisiere diejenigen, die dir ein Gef hl der Unterst tzung und Verbundenheit vermitteln.

Vielleicht m chtest du dir vornehmen, fter Zeit mit Menschen zu verbringen, bei denen du dich gut f hlst und diejenigen Beziehungen st rken, die dir Freude und Trost spenden. Gute Beziehungen sind eine wertvolle Ressource in unserem Leben und k nnen uns helfen, stressige Zeiten zu bew ltigen.

Achte auf die Personen, die dir aufrichtig zur Seite stehen und denk daran, dass du nicht alleine bist. Du verdienst Unterst tzung, Verbundenheit und Freundschaft.

Wie gehe ich auf andere zu?

Der Gedanke, auf andere zuzugehen, kann manchmal eine H rde sein, aber auch der Anfang wunderbarer Verbindungen sein. Hier sind einige Schritte, wie du den Kontakt mit den Personen in deinem Leben aufnehmen kannst:

Selbstannahme: Erinnere dich daran, dass es in Ordnung ist, unsicher oder sch chtern zu sein. Es ist menschlich, sich manchmal z gerlich zu f hlen. Akzeptiere deine eigenen Gef hle und Zweifel, bevor du den ersten Schritt unternimmst.

Gemeinsame Interessen: Finde gemeinsame Interessen oder Gespr chsthemen, die dir ein Gef hl von Vertrautheit und Verbindung geben. Zum Beispiel k nntest du ber ein gemeinsames Hobby, die Kinder oder aktuelle Ereignisse sprechen.

Ein freundlicher Gruß: Ein einfaches "Hallo" oder "Wie geht es dir?" ist ein sanfter Einstieg. Du k nntest eine Nachricht schicken oder anrufen, je nachdem, was sich f r dich am angenehmsten anf hlt.

Teilen und zuh ren: Sei offen daf r, deine eigenen Erfahrungen, Gedanken und Gef hle zu teilen, und ermutige die andere Person, dasselbe zu tun. Das Schaffen eines offenen Gespr chsraums f rdert die Verbindung.

Angebot von Unterst tzung: Biete deine Hilfe oder Unterst tzung an, wenn es angebracht ist. Dies zeigt, dass du an der Beziehung interessiert bist und f r die andere Person da sein m chtest, ohne dich aufzudr ngen.

Geduld: Verstehe, dass nicht alle Menschen sofort reagieren werden – das ist v llig in Ordnung. Manchmal haben andere ihre eigenen Herausforderungen und sie k nnten sich genauso unsicher f hlen wie du.

Selbstwert: Erinnere dich daran, dass du es wert bist, dass man sich um dich k mmert und Zeit mit dir verbringt. Du verdienst liebevolle und unterst tzende Beziehungen.

Die Realit t ist, dass die meisten von uns ab und zu Unterst tzung und Verbindung ben tigen. Niemand ist perfekt und oft k mpfen auch Freunde und Bekannte mit ihren eigenen Herausforderungen. Dein erster Schritt, auf andere zuzugehen, k nnte der Beginn von wertvollen Verbindungen sein.

Modul 15

Schuldgefühle

Du bist nicht allein in diesem Gef hl und es ist okay, dar ber zu sprechen und Wege zu finden, wie du sie loslassen kannst.

Schuldgef hle sind diese schweren Lasten, die wir uns selbst auferlegen. Du kennst das sicherlich. Du f hlst dich schuldig, weil du nach einem langen Arbeitstag vielleicht nicht genug Zeit mit deinem Kind verbracht hast. Oder weil du w tend wurdest, als die Dinge außer Kontrolle gerieten. Vielleicht hast du das Gef hl, dass du in deiner Rolle als Mutter versagst, weil du nicht perfekt bist.

Lass mich dir etwas Wichtiges sagen: du bist nicht allein und du machst großartige Arbeit. Schuldgefühle sind oft überflüssig und hindern dich daran, das Leben mit deinen Kindern in vollen Zügen zu genießen. Diese unnötige Last solltest du nicht tragen müssen.

Denk dar ber nach, wie oft wir uns mit anderen M ttern vergleichen. Du siehst auf Social Media Fotos von scheinbar perfekten Familien und fragst dich, ob du diesen Standard erf llen kannst. Du f hlst dich schuldig, weil du denkst, dass du nicht genug tust. Aber in Wirklichkeit weiß niemand, was tats chlich hinter den Kulissen passiert. Jeder hat seine eigenen K mpfe und Unsicherheiten, selbst diejenigen, die nach außen hin perfekt erscheinen.

Diese bung soll dir helfen, diese Schuldgef hle loszulassen und inneren Frieden zu finden. Du wirst erkunden, wie du die unsichtbaren Fesseln l sen und deine Selbstakzeptanz st rken kannst. Denn du verdienst es, dich selbst liebevoll anzunehmen und zu wissen, dass du mehr als genug bist, und zwar genau so, wie du bist. Die Zeit ist reif, diese berfl ssigen Schuldgef hle loszulassen und Platz f r Freude und Selbstliebe zu schaffen.

Schuldgef hle: So f hlen sich andere M tter

Diese Schuldgef hle sollen dich keinesfalls zu mehr Sorgen inspirieren, sondern dir vielmehr zeigen, dass es sehr viele M tter gibt, die diese Gedanken schon mal gedacht haben. Ich habe im privaten wie beruflichen Bereichen alle diese Schuldgef hle schon mehrmals geh rt und sehr viele von ihnen tats chlich auch schon selbst empfunden.

Ich habe Schuldgefühle...

"..., weil ich mir Zeit für mich selbst nehme." Manchmal fühle ich mich egoistisch, wenn ich Momente der Selbstfürsorge genieße"

"..., wenn ich nicht immer geduldig bin." In stressigen Situationen wünschte ich, ich könnte immer ruhig und geduldig bleiben.

"..., weil ich nicht genug Zeit mit meinen Kindern verbringe." Wenn der Alltag hektisch ist, befürchte ich manchmal, dass ich nicht genug Zeit mit meinen Kindern verbringe.

"..., weil ich nicht genug Zeit mit meinem Partner verbringe." Zwischen den Kindern, dem Haushalt und der Arbeit kann die Zeit für meinen Partner knapp werden.

"..., weil ich nicht alle Hausarbeiten erledige." Es ist frustrierend, wenn ich nicht alles schaffe und ich fühle mich schuldig, wenn das Haus nicht immer perfekt ist.

"..., wenn ich beruflich erfolgreich bin." Manchmal frage ich mich, ob ich genug Zeit für meine Familie habe, wenn ich beruflichen Erfolg habe.

"..., weil ich mich manchmal überfordert fühle." Ich wünschte, ich könnte immer stark sein, aber manchmal fühle ich mich einfach überfordert.

"..., weil ich mir Unterstützung hole." Es ist schwer zuzugeben, dass ich Hilfe benötige, ohne mich schuldig zu fühlen.

"..., weil ich Fehler mache." Fehler gehören zum Leben dazu, aber manchmal fällt es mir schwer, mir selbst zu vergeben.

"..., weil ich nicht alle Bedürfnisse meiner Kinder erfüllen kann." Ich wünschte, ich könnte immer alle Bedürfnisse meiner Kinder erfüllen.

"..., weil ich nicht arbeite." Es gibt Momente, in denen ich mich frage, ob ich mehr zur finanziellen Situation beitragen sollte, obwohl meine Rolle als Mutter genauso wertvoll ist.

"..., weil ich weniger Energie für meine Partnerschaft habe." Die Erschöpfung nach einem anstrengenden Tag mit den Kindern kann dazu führen, dass ich mich schuldig fühle, weil ich meinem Partner nicht die Aufmerksamkeit schenke, die er verdient.

"... den Großeltern gegenüber." Manchmal habe ich das Gefühl, dass die Großeltern mehr Zeit mit den Enkeln verbringen sollten, aber der Alltag macht das nicht immer einfach.

Schreibübung Nummer 28

Schuldgefühle loslassen

Schuldgef hle sind eine Herausforderung, der viele M tter in ihrem Alltag begegnen. Du f hlst dich vielleicht schuldig, weil du glaubst, nicht allen Anforderungen gerecht zu werden – sei es in Bezug auf die Kinder, den

Haushalt oder den Beruf. Doch diese Schuldgef hle k nnen dich belasten und dir Energie rauben. Diese Schreib bung hilft dir dabei, dich von diesen Schuldgef hlen zu befreien und deine Gedanken zu ordnen.

Reflexion: Setze dich an einen ruhigen Ort, an dem du ungest rt schreiben kannst. Atme einige Male tief ein und aus, um dich zu zentrieren. Denke dar ber nach, welche spezifischen Situationen oder Aspekte deines Lebens Schuldgef hle ausl sen. Schreibe sie auf.

Analyse und Akzeptanz Nimm dir jedes dieser Schuldgef hle vor und analysiere sie. Frage dich selbst: Sind diese Schuldgef hle rational und gerechtfertigt? Oder sind sie das Ergebnis unrealistischer Erwartungen, die du an dich selbst stellst? Akzeptiere, dass du nicht perfekt sein musst und dass es in Ordnung ist, Fehler zu machen.

Umformulierung Schreibe jeden Schuldgef hlsatz um. Formuliere sie so um, dass sie weniger belastend klingen und dir Vergebung und Akzeptanz entgegenbringen. Zum Beispiel: "Ich sollte immer f r meine Kinder da sein" k nnte umgeformt werden zu "Ich tue mein Bestes, um f r meine Kinder da zu sein und das ist ausreichend."

Selbstf rsorge Notiere, wie du in Zukunft besser auf dich selbst achten kannst. Welche Schritte kannst du unternehmen, um stressige Situationen zu bew ltigen und dich vor berm ßigen Schuldgef hlen zu sch tzen?

Loslassen Schreibe einen Abschiedsbrief an deine Schuldgef hle. Lasse sie wissen, dass du dich nicht mehr von ihnen beherrschen lassen willst. Verbrenne den Brief symbolisch oder entsorge ihn auf andere Weise.

Diese Schreib bung wird dir helfen, deine Schuldgef hle zu identifizieren, zu akzeptieren und schließlich loszulassen. Du wirst erkennen, dass es in Ordnung ist, nicht immer alles perfekt zu machen und dass Selbstf rsorge ein wichtiger

Schritt auf dem Weg zu einem gl cklicheren und ausgeglicheneren Leben als Mutter ist.

Teil 5

Positiv in die Zukunft blicken

Modul 16

Manifestationen

Manifestationen sind wie kleine Zauber in unserem Alltag, die uns helfen k nnen, das Leben, von dem wir tr umen, zu gestalten. Ich verstehe, dass es als Mutter nicht immer einfach ist, Zeit f r solche Praktiken zu finden, aber jede kleine Manifestation kann einen großen Unterschied machen. Es ist so effektiv, sich auf das Gute zu konzentrieren und sich bewusst vorzustellen, was du in deinem Leben willst. Du kannst Manifestationen an deine individuellen Bed rfnisse anpassen, damit sie in deinen vollen Terminkalender passen. Ein kleiner Zettel am K hlschrank, im Badezimmer oder in deinem Auto kann dich daran erinnern, dass du deine Tr ume und Ziele nicht vergessen sollst. Vielleicht manifestierst du etwas wie: "Ich bin geduldig und gelassen", oder "Ich finde jeden Tag einen Moment der Ruhe." Das k nnen kleine, aber kraftvolle S tze sein, die dein Denken und Handeln beeinflussen.

Wusstest du, dass es wissenschaftliche Beweise daf r gibt, dass positive Gedanken und Affirmationen unser Leben positiv beeinflussen k nnen? Es geht nicht darum, alles magisch zu manifestieren, sondern darum, eine positive Einstellung und Absicht zu entwickeln. Und als Mutter hast du schon so viel innere St rke. Warum also nicht diese St rke nutzen, um dir und deiner Familie das bestm gliche Leben zu manifestieren?

Jede kleine Manifestation, die du in deinen Alltag integrierst, bringt dich einen Schritt n her zu den Zielen und W nschen, die du f r dich und deine Familie hast. Es ist eine einfache, aber sehr wirksame M glichkeit, die Welt um dich herum zu gestalten und ein gl cklicheres Leben zu f hren.

Also, liebe Mama, erlaube dir, an die Kraft der Manifestationen zu glauben. Jede Manifestation ist wie ein Samen, den du in den Boden der M glichkeiten pflanzt.

Schreibübung 29

Die Morgen-Manifestation

Diese 5-Minuten-Schreib bung dient dazu, dir Mut zu machen und einen positiven Start in den Tag zu erm glichen, indem du dich auf deine Ziele und W nsche konzentrierst.

Anleitung: Setze dich an einen ruhigen Ort, an dem du ungest rt schreiben kannst. Das kann der Esstisch, dein Lieblingssessel oder ein ruhiger Platz im Freien sein. Atme tief ein und aus, um dich zu zentrieren, und lasse negative Gedanken los.

ffne die Augen und nimm das Blatt Papier oder dein Notizbuch und den Stift zur Hand. Schreibe oben auf die Seite: "Die Morgen-Manifestation: Mein Tag voller M glichkeiten".

Beginne den Brief, indem du dir selbst Mut zusprichst und betonst, dass der heutige Tag voller M glichkeiten ist.

Notiere drei konkrete Ziele oder W nsche, die du f r den Tag hast.

Es k nnten berufliche, pers nliche oder famili re Ziele sein.

Beschreibe, wie du dich f hlst, wenn du diese Ziele erreicht hast. Male dir aus, wie großartig es sein wird, diese Erfolge zu feiern. Denke an eine positive Affirmation oder einen Satz, der deine Zuversicht st rkt. Schreibe ihn auf, um dich selbst zu motivieren. Zum Beispiel: "Ich bin bereit, heute mein Bestes zu geben." berlege, welche kleinen Schritte oder Handlungen du heute unternehmen kannst, um dich deinen Zielen n her zu bringen, und notiere sie.

Beende die bung, indem du dir selbst Liebe und Wohlwollen zusprichst und dich auf einen erfolgreichen Tag freust.

Dieser Manifestationsbrief hilft dir, dich auf deine Ziele und W nsche zu konzentrieren, positive Energie zu tanken und den Tag mit einem klaren Fokus zu beginnen. Es ist eine ermutigende bung, die dazu beitr gt, die eigenen Tr ume und Ziele in den Vordergrund zu stellen und den Tag mit Zuversicht anzugehen.

Eine humorvolle Morgenmanifestation - ein Beispiel

"Guten Morgen, Welt! Ja, ich sehe deine Herausforderungen, und ja, ich kann sie meistern. Mein Schlaf war zwar kurz, aber meine Entschlossenheit ist riesig. Heute werde ich die Superheldin sein, die meine Familie verdient. Ich werde Kaffee trinken, als gäbe es kein Morgen und ich werde Lächeln verbreiten, als wären es Konfetti. Mein Morgenchaos ist mein kleiner Tanz und ich rocke ihn. Lasst uns dieses Abenteuer beginnen, möge der Kaffee stark und die Kinder friedlich sein!"

Diese Manifestation ist etwas humorvoller und kann dir dabei helfen, den Tag mit einem L cheln zu beginnen, selbst wenn er hektisch ist. Denk daran, dass du eine großartige Mama bist und auch morgens dein eigenes Tempo bestimmen kannst.

Modul 17

Beziehungen

Es ist wirklich sch n, dass du dir die Zeit nimmst, ber deine Beziehungen nachzudenken und sie zu sch tzen. Wir alle haben diese einzigartigen, kostbaren Momente, die unsere Verbindungen pr gen. Denk nur an die Anfangszeit, als die Schmetterlinge im Bauch flatterten und an all die Erlebnisse, die im Laufe der Zeit eine tiefere Bindung geschaffen haben. Diese Erinnerungen sind Gold wert.

Aber hey, vergessen wir nicht die holprigen Zeiten, die Tiefen und die Konflikte. Sie haben dir gezeigt, wie stark deine Beziehungen sind. In den schweren Momenten hast du gelernt, dich zu vers hnen und deine Bindungen zu festigen. Diese H hen und Tiefen sind Teil eurer einzigartigen Geschichte. Die bewusste Ausrichtung auf die Zukunft ist ein aufregender Schritt. Es geht darum, eure Kommunikation zu verbessern und gemeinsame Ziele zu setzen. Das ist ein Weg zu einer noch erf llenderen und harmonischeren Beziehung.

Einen Brief an deine Beziehungen zu schreiben, ist eine großartige M glichkeit, diesen Prozess zu starten. Du kannst deinen Gedanken und Gef hlen freien Lauf lassen. Oder noch besser, du teilst ihn mit deiner bestimmten Person, um zusammen zu reflektieren und eure Verbindung zu vertiefen. Deine Offenheit und Bereitschaft zur Ver nderung sind bewundernswert. Keep up the good work!

Schreibübung Nummer 30

Ein Brief an unsere Beziehung

Anleitung: Stimmung schaffen: Suche dir einen ruhigen und gem tlichen Ort, an dem du dich inspiriert f hlst. Nimm dir Schreibmaterialien deiner Wahl, wie Stifte, Bleistifte oder bunte Marker.

Reflexion: Denke an deine Beziehung zu einer bestimmten Person. berlege, welche H hen und Tiefen, Erinnerungen und Emotionen in eurer gemeinsamen Geschichte vorhanden sind.

Briefanfang: Beginne deinen Brief an "Unsere Beziehung" auf eine liebevolle und pers nliche Art und Weise. Zum Beispiel: "Liebe Beziehung, ich m chte dir heute schreiben, um all die wunderbaren Momente und Herausforderungen, die wir gemeinsam erlebt haben, zu feiern."

Erinnerungen teilen: Schreibe ber besondere Erlebnisse oder Momente, die euch gepr gt haben. Beschreibe diese Augenblicke detailliert und teile deine Gef hle und Gedanken dazu.

Herausforderungen und Wachstum: Sei ehrlich ber die Herausforderungen, die ihr bew ltigen musstet. Betone jedoch auch, wie ihr gemeinsam gewachsen seid und gest rkt aus diesen Situationen hervorgegangen seid.

W nsche und Tr ume: Schreibe ber eure gemeinsamen W nsche und Tr ume f r die Zukunft. Was m chtet ihr gemeinsam erreichen? Welche Abenteuer m chtet ihr noch erleben?

Dankbarkeit: Dr cke deine Dankbarkeit f r die Beziehung aus. Welche Eigenschaften und Qualit ten sch tzt du an dieser bestimmten Person besonders? Was bewunderst du an eurer gemeinsamen Reise?

Gemeinsame Vision: Skizziere eine gemeinsame Vision f r eure Beziehung. Wo seht ihr euch in f nf oder zehn Jahren? Welche Schritte k nnt ihr unternehmen, um diese Vision zu verwirklichen?

Versprechen und Verbundenheit: Formuliere Versprechen, wie du deine Liebe und Verbundenheit zur Beziehung st rken m chtest. Schreibe, wie du daran arbeiten wirst, eure Beziehung am Leben zu erhalten.

Abschluss und Unterschrift: Schließe deinen Brief liebevoll ab, indem du deine Gef hle f r die Beziehung zusammenfasst. Unterschreibe den Brief mit deinem Namen.

Schreibübung Nummer 31

Gemeinsam die Liebe pflegen - eine kreative Reise zu zweit

In einer Beziehung, in der Kinder eine wichtige Rolle spielen, kann es eine Herausforderung sein, romantische Verbindungen aufrechtzuerhalten. Aber mit etwas Kreativit t und gegenseitigem Engagement k nnt ihr eure Partnerschaft st rken und eure Liebe neu entfachen. Hier ist eine authentische und romantische bung, um die Beziehung zu deinem Partner oder deiner Partnerin zu vertiefen.

Erinnerungsbox gestalten:

Schritt 1: Materialien sammeln: Suche eine kleine, h bsche Box und sammle Materialien wie bunte Papierb gen, Stifte, Kleber, Scheren und vielleicht sogar einige alte Fotos von euch beiden.

Schritt 2: Zeit alleine: Plane einen gemeinsamen Abend oder Tag, an dem ihr ungest rt seid. Das kann zu Hause sein, wenn die Kinder bei Freunden oder Großeltern sind oder vielleicht in einem gem tlichen Caf .

Schritt 3: Liebesbriefe: Setzt euch zusammen und schreibt einander romantische Liebesbriefe. Ihr k nnt ber eure ersten Begegnungen schreiben, eure besten gemeinsamen Erinnerungen oder dar ber, was ihr am meisten an eurem Partner liebt. Seid ehrlich und ausdrucksstark.

Schritt 4: Bilder und Erinnerungen: Gestaltet gemeinsam bunte K rtchen, auf die ihr eure Liebesbotschaften klebt. Diese K rtchen k nnt ihr selbst ausschneiden und dekorieren. F gt auch ein paar Fotos von besonderen Momenten hinzu.

Schritt 5: Die berraschung: Legt diese K rtchen, zusammen mit den Liebesbriefen, in die Box. Die Idee ist, dass ihr diese Erinnerungsbox in eurer N he aufbewahrt, sei es im Schlafzimmer oder im Wohnzimmer.

Schritt 6: Die berraschung: In den n chsten Monaten oder Jahren, wenn die Zeit reif ist, k nnt ihr jeweils ein K rtchen ziehen. Lasst euch von den Worten und Erinnerungen ber hren und sch tzt die Liebe, die zwischen euch besteht.

Schritt 7: Die Wiederholung: Wiederholt diesen Prozess von Zeit zu Zeit, indem ihr neue Briefe und K rtchen hinzuf gt. Es wird zu einer wertvollen Tradition, die euch immer wieder daran erinnert, wie tief eure Liebe zueinander ist.

Diese bung ist nicht nur romantisch, sondern auch eine großartige M glichkeit, die Verbindung zu deinem Partner oder deiner Partnerin zu st rken. Es schafft Raum f r Intimit t und erinnert euch daran, wie besonders eure Beziehung ist.

Schreibübung Nummer 32

Ich schreibe mit meinem Kind: Unsere glückliche Zukunft

Anleitung: Diese bung ist f r M tter und ihre Kinder gedacht, um gemeinsam eine Vision einer gl ckliche Zukunft zu schaffen.

Setzt euch zusammen an einen gem tlichen Ort, an dem ihr euch wohlf hlt, und folgt diesen Schritten.

Gemeinsame Zeit: Beginnt die bung, indem ihr euch Zeit f reinander nehmt. Ihr k nnt euch auf eure Lieblingspl tze setzen, kuscheln oder gemeinsam ein entspannendes Ritual wie Teetrinken oder ein Picknick im Garten genießen.

Traumreise starten: Schließt die Augen und stellt euch vor, wie eure gemeinsame Zukunft als gl ckliche Familie aussehen k nnte. Wo seid ihr? Was macht ihr? Welche Abenteuer erlebt ihr?

Beschreibung der Gl ckseligkeit: Beginnt abwechselnd zu erz hlen und zu schreiben. Jeder von euch beschreibt eine Facette eurer gl cklichen Zukunft. Hier sind einige Beispiele: Die Reisen, die ihr gemeinsam unternehmt, wie einen Besuch im Disneyland oder einen Campingurlaub am See. Die Abenteuer, die ihr in eurer Fantasiewelt erlebt, wie das Erkunden eines magischen Waldes oder das Fliegen zu den Sternen. Die besonderen Momente der N he und Verbundenheit, wie gemeinsames Lachen, Kuscheln oder Geschichten am Lagerfeuer erz hlen. Die W nsche und Tr ume, die ihr f r euch selbst habt und wie ihr euch gegenseitig dabei unterst tzt, sie zu verwirklichen.

Kreativer Ausdruck: Zeichnet oder malt eure gl ckliche Zukunft auf Papier. Ihr k nnt gemeinsam Bilder malen oder jeder gestaltet seine eigene Vision. Verwendet Farben und Formen, die eure Gef hle und Vorstellungen ausdr cken.

Brief an die Zukunft: Schreibt gemeinsam einen "Brief an die Zukunft". Jeder von euch kann W nsche, Tr ume und Versprechen f r diese gl ckliche Zukunft niederschreiben. Zum Beispiel k nnt ihr schreiben, was ihr euch f r eure Beziehung und eure Abenteuer w nscht. Gemeinsame Betrachtung: Nachdem ihr eure Visionen gemalt und geschrieben habt, betrachtet eure Werke gemeinsam. Sprecht dar ber, welche Aspekte ihr besonders sch n findet und welche Tr ume euch am meisten ber hren.

Platz f r die Realit t: Betont, dass es wichtig ist, die Realit t zu sch tzen und die Schritte zu unternehmen, um eure gemeinsamen Tr ume zu verwirklichen. Diese bung kann als Inspiration dienen, um eure Zukunft aktiv zu gestalten.

Dankbarkeit: Schließt die bung, indem ihr gemeinsam dar ber sprecht, wof r ihr in eurer gegenw rtigen Zeit dankbar seid. Teilt eure Liebe und Freude f reinander.

Diese bung f rdert die Vorstellungskraft, die Kommunikation zwischen Mutter und Kind und das Teilen von W nschen und Tr umen. Sie hilft auch dabei, eine positive Perspektive auf die Zukunft zu entwickeln und die Verbindung zwischen Mutter und Kind zu st rken.

Modul 18

Schreibübung Nummer 33

Die Reise zu deiner Glücklichen Arbeitsbeziehung

In dieser Schreib bung wirst du deine Arbeitsbeziehung erkunden und Schritte unternehmen, um eine gl ckliche Verbindung zur Arbeit in der Zukunft aufzubauen. Dein beruflicher Alltag darf dir Freude und Erf llung bringen.

Reflexion: Setze dich an einen ruhigen Ort, schließe die Augen und atme tief ein und aus. Denke dar ber nach, wie du dich in deiner derzeitigen Arbeit f hlst. Notiere die Gedanken und Emotionen, die in dir aufsteigen. Ohne Selbstzensur oder Urteil.

Positive Vision: ffne deine Augen und betrachte die Gedanken und Emotionen, die du aufgeschrieben hast. Transformiere diese in eine positive Vision deiner zuk nftigen Arbeitsbeziehung. Stelle dir vor, wie du dich in einem Berufsfeld befindest, das deinen F higkeiten und Interessen entspricht, wo du deine Leidenschaft auslebst.

Dein Gl cksplan: Schreibe einen "Gl cksplan" f r deine Arbeit in der Zukunft. Welche Ver nderungen m chtest du vornehmen, um eine gl cklichere Beziehung zur Arbeit zu haben? Dies k nnten Weiterbildungen, berufliche Ver nderungen oder auch kleine, t gliche Rituale sein.

Affirmationen: Formuliere positive Affirmationen, die deine neue, gl ckliche Arbeitsbeziehung unterst tzen. Verwende S tze wie "Ich liebe, was ich tue," oder "Meine Arbeit erf llt mich und bringt mir Freude."

Verpflichtung: Verpflichte dich dazu, deinen "Gl cksplan" in die Tat umzusetzen. Welche konkreten Schritte wirst du unternehmen, um deine Vision zu realisieren? Schreibe diese Schritte auf.

T gliche Praxis: Schließe die bung, indem du dich verpflichtest, deine Arbeitsbeziehung t glich zu pflegen. Nutze deine Affirmationen, um dich positiv auf deine Arbeit einzustimmen und erinnere dich an deine Vision, um dich auf Kurs zu halten. Du kannst diese Schreib bung nutzen, um eine bewusste und positive Beziehung zur Arbeit aufzubauen. Dein Gl ck und deine Zufriedenheit h ngen in hohem Maße von deiner beruflichen Erfahrung ab. Mit dieser bung legst du den Grundstein f r eine erf llende Zukunft im Arbeitsleben. Es ist durchaus verst ndlich, wenn nicht jede Arbeit so erf llend ist, wie man es sich w nscht. Der Alltag im Beruf kann manchmal von Monotonie und Stress gepr gt sein und es f llt schwer, darin positive Aspekte zu finden. Doch auch in vermeintlich schwierigen Situationen

gibt es oft kleine Momente, die dir Mut machen k nnen. Vielleicht sind es die herzlichen Worte eines Kollegen, der stolze Blick deines Vorgesetzten nach einer erfolgreich abgeschlossenen Aufgabe oder die Gelegenheit, deine F higkeiten und Qualifikationen unter Beweis zu stellen.

In diesem Buch hast du bereits viele wertvolle Erkenntnisse gesammelt, die dir dabei helfen k nnen, deinen Arbeitsalltag neu auszurichten. Diese Erkenntnisse k nnen dir als Werkzeug dienen, um Ver nderungen anzustoßen, sei es durch neue Herausforderungen, eine Anpassung deiner aktuellen Arbeit oder den mutigen Schritt zu einer beruflichen Neuorientierung.

Erw ge, mit deinen Kollegen und Vorgesetzten in einen offenen Dialog zu treten. Oftmals sind sie bereit, flexibel zu sein und gemeinsam nach L sungen zu suchen. Sei es durch die Umverteilung von Aufgaben, die Anpassung deines Aufgabenbereichs oder die M glichkeit, an neuen Projekten zu arbeiten. Es gibt zahlreiche Wege, wie du deinen Arbeitsalltag erf llender gestalten kannst und deine erworbenen Erkenntnisse k nnen dir dabei helfen.

Ich hoffe von Herzen, dass die bungen in diesem Buch dazu beigetragen haben, mehr Zufriedenheit in deinem beruflichen Alltag zu finden. Denke immer daran, dass du die Kontrolle ber deine Zukunft hast und mutig auf Ver nderungen zugehen kannst, um deinen Weg zu mehr Erf llung und Freude im Beruf zu gestalten.

Modul 19

Meine Zukunft als glückliche Mutter

Zwischen dem morgendlichen Chaos, den endlosen Hausaufgaben und den zahlreichen Verantwortlichkeiten kann es oft schwerfallen, Momente der Ruhe und des Gl cks zu finden. Doch ich m chte dich ermutigen, einen Augenblick f r dich zu nehmen und eine Reise in deine Zukunft zu unternehmen – eine Zukunft als gl ckliche Mutter.

Diese Schreib bung bietet dir die M glichkeit, einen Blick in diese Zukunft zu werfen, in der du dich als entspannte und gl ckliche Mutter siehst. Schließe deine Augen, atme tief durch und visualisiere dieses Leben. Sieh dich selbst, wie du mit Leichtigkeit und Gelassenheit durch deinen Alltag gehst. Sp re, wie der Stress und die Sorgen von dir abfallen und Platz machen f r Freude und Gl ck.

Schreibübung Nummer 34

Meine Zukunft als glückliche Mutter

Anleitung:

Stimmung schaffen: Suche einen ruhigen und angenehmen Ort, an dem du dich entspannen kannst. Nimm dir dein Lieblingsschreibmaterial, sei es ein Tagebuch, ein Notizbuch oder ein leeres Blatt Papier.

Meditation der Zukunft: Schließe die Augen und stelle dir deine Zukunft als gl ckliche Mutter vor. Visualisiere ein Leben ohne berm ßigen Stress und Sorgen. Sieh dich selbst in dieser gl cklichen Zukunft.

Beschreibung der Gl ckseligkeit: ffne deine Augen und beginne, ber diese zuk nftige Version von dir zu schreiben. Beschreibe detailliert, wie dein Leben als entspannte und gl ckliche Mutter aussieht. Was sind die Ver nderungen, die du in deinem Alltag siehst?

Stressbew ltigung: Schreibe dar ber, wie du erfolgreich mit Stress umgehst und dich selbst in stressigen Situationen beruhigst. Welche bew hrten Methoden nutzt du?

Zeit f r Selbstf rsorge: Betone die Zeit, die du dir f r Selbstf rsorge und Selbstliebe nimmst. Beschreibe, wie du dich um dein k rperliches und geistiges Wohlbefinden k mmerst.

Gl ckliche Momente: Schreibe ber die gl cklichen Momente mit deinen Kindern in dieser Zukunft. Welche Aktivit ten genießt ihr gemeinsam? Welche besonderen Erlebnisse verbinden euch?

Unterst tzungssystem: Beschreibe, wie du von einem starken Unterst tzungssystem umgeben bist. Ob es Freunde, Familie oder professionelle Hilfe sind, wie tragen sie dazu bei, dein Leben zu erleichtern?

Ziele und Tr ume: Schreibe ber deine pers nlichen Ziele und Tr ume f r die Zukunft. Welche Abenteuer m chtest du mit deinen Kindern erleben? Was m chtest du f r dich selbst erreichen?

Dankbarkeit: Dr cke deine Dankbarkeit f r diese gl ckliche Zukunft aus. Was sch tzt du am meisten an diesem Leben ohne berm ßigen Stress und Sorgen?

Affirmationen: Formuliere positive Affirmationen f r deine Zukunft als gl ckliche Mutter. Zum Beispiel: "Ich lebe ein Leben voller Freude und Gelassenheit." Schreibe diese Affirmationen auf und wiederhole sie t glich.

Zeit f r Reflexion: Lasse deine Gedanken und Gef hle ber diese bung in deinem Tagebuch Revue passieren. Wie hat das Schreiben ber deine gl ckliche Mutter-Zukunft deine Stimmung beeinflusst?

Diese positive Schreib bung erm glicht es dir, eine vision re und gl ckliche Zukunft als Mutter zu erkunden und auszudr cken. Sie f rdert die positive

Selbstausrichtung und die Vorfreude auf ein stressfreieres und erf llteres Leben als Mutter.

Herzlichen Glückwunsch!

Mit dem Abschluss dieses letzten Moduls hast du nicht nur dieses Buch vollendet, sondern auch einen bedeutenden Schritt in deiner pers nlichen Entwicklung gemacht. Ich m chte dir von Herzen zu deinem Engagement und deinem Durchhalteverm gen gratulieren.

Die bungen und Reflexionen, die du im Laufe dieses Buches durchgef hrt hast, zeigen deinen starken Willen, an dir selbst zu arbeiten und nach Wegen zu suchen, um mehr Zufriedenheit und Gl ck in deinem Leben zu finden. Dies ist eine bewundernswerte Leistung und du kannst stolz auf deine Fortschritte und deine positive Entwicklung sein.

Es ist jetzt an der Zeit, dich bewusst auf deine gl ckliche Zukunft auszurichten. Du hast wertvolle Einsichten gewonnen und Werkzeuge erworben, um Ver nderungen in deinem Leben herbeizuf hren. Nutze dieses Wissen, um mutig neue Wege zu beschreiten und dich auf die Dinge zu konzentrieren, die dich gl cklich und erf llt machen.

Denke daran, dass du die F higkeit und die St rke besitzt, dein Leben nach deinen eigenen Vorstellungen zu gestalten. Mit einem offenen Herzen und einem klaren Blick auf die Zukunft kannst du nun einen Weg w hlen, der dich zu noch mehr Gl ck und Zufriedenheit f hrt.

Ich w nsche dir von Herzen alles Gute auf deinem weiteren Lebensweg. M ge er erf llt sein von Freude, Liebe und neuen aufregenden Abenteuern. Du hast es verdient!

Nachwort

Liebe Leserin,

mit dem Ende meines Buches "Mama schreibt sich gl cklich" endet ein aufregendes Abenteuer, das wir gemeinsam erlebt haben. Du kannst sehr stolz auf dich sein, dass du dich auf die Reise begeben hast, um mehr Gl ck und Erf llung in deinem Alltag zu finden. Deine Bereitschaft, dich selbst durch das kreative Schreiben zu erkunden und weiterzuentwickeln, ist beeindruckend!

Die Magie der SchreibGlück-Methode - und die Stellen, an denen sie endet

"Mama schreibt sich gl cklich" ist ein Ansatz zur F rderung der pers nlichen Entwicklung und des Wohlbefindens von M ttern. Hier sind einige Aspekte, die "Mama schreibt sich gl cklich" leisten kann und einige wichtige Punkte, die es nicht leisten kann:

Was "Mama schreibt sich gl cklich" kann:

Selbsterkenntnis f rdern: "Mama schreibt sich gl cklich" kann M ttern helfen, ihre Gedanken und Gef hle zu erkunden, sich selbst n her zu kommen und ein besseres Verst ndnis f r ihre pers nlichen St rken und Schw chen zu entwickeln.

Selbstreflexion anregen: Es kann M ttern helfen, ber verschiedene Lebenssituationen und Herausforderungen nachzudenken und die damit verbundenen Erfahrungen zu verarbeiten.

Pr ventiv wirken: "Mama schreibt sich gl cklich" kann Werkzeuge bieten, um mit Stress, ngsten und anderen allt glichen Belastungen umzugehen, bevor sie zu ernsteren Problemen werden.

Selbstentwicklung f rdern: Es kann M ttern helfen, realistische Ziele zu setzen, um ihr Leben in die von ihnen gew nschte Richtung zu lenken.

Kreatives Schreiben und Poesietherapie: Diese speziellen Methoden innerhalb von "Mama schreibt sich gl cklich" k nnen M ttern helfen, auf kreative Weise Ausdruck zu verleihen, was ihre emotionalen und mentalen Prozesse unterst tzt.

Steigerung der Lebenszufriedenheit: Durch die Anwendung von Konzepten und bungen aus "Mama schreibt sich gl cklich" k nnen M tter in der Lage sein, die Zufriedenheit mit ihrem Leben zu steigern.

Was “Mama schreibt sich gl cklich“ nicht kann:

Therapie ersetzen: Es ist wichtig zu betonen, dass "Mama schreibt sich gl cklich" keine Therapie ersetzen kann. Wenn eine Mutter mit ernsthaften emotionalen oder psychischen Problemen zu k mpfen hat, ist die Unterst tzung durch einen qualifizierten Therapeuten unerl sslich.

Diagnose stellen: "Mama schreibt sich gl cklich" ist keine Grundlage, um selbst eine Diagnose zu stellen oder Therapieentscheidungen zu treffen.

Medizinische Hilfe bieten: Es kann keine medizinische oder psychiatrische Versorgung bieten. Bei k rperlichen oder schwerwiegenden psychischen Problemen ist rztliche Behandlung notwendig.

Krisenintervention leisten: In akuten Krisensituationen sollte unmittelbar professionelle Hilfe in Anspruch genommen werden.

"Mama schreibt sich gl cklich" kann ein wertvolles Werkzeug f r Selbstwachstum und Selbstreflexion sein, pr ventiv genutzt werden und M ttern helfen, ihre Ziele zu erreichen. Es ist jedoch wichtig zu erkennen, dass es seine Grenzen hat und nicht als Ersatz f r professionelle Therapie oder medizinische Hilfe dienen kann, wenn sie ben tigt wird.

Printed in France by Amazon
Brétigny-sur-Orge, FR

20889229R00094